Kotoba no
Dougubako
Nayuta Miki

KODANSHA

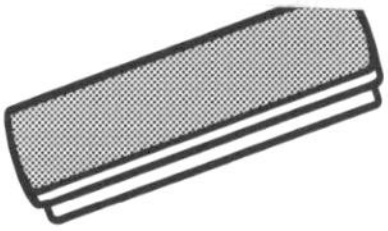

言葉の道具箱

三木那由他

講談社

はじめに

子どものころから、ひとと話すのが苦手でした。幼稚園のときに体調が悪いことをうまく先生に伝えられず、結局わかってもらえないまま仕方がなく我慢していたことを思い出します。小学校や中学校でも自分から周りに話しかけるということはあまりできず、声をかけてくれたひとに懐くようにして過ごしていました。いや、実は中学時代に「周りにもっと話しかけられるようになろう」キャンペーンをこっそりとしていた時期があって、そのころにはいろんなひとに積極的に話しに行っていたのですが、結局すぐに力尽きてしまいました。

大人になってからも、そんなところは変わっていません。いまでも学会の懇親会では話し相手が見つからずにひとり隅っこでご飯を食べていますし、たまに話しに来てくれるひとがいても会話を続けられず、すぐに気まずい沈黙がやってきます。たぶん世の中全体で見ても、私の人見知り度合いはだいぶん高いほうなのではないかと思います。

「それなのになぜ?」と訊かれることがあります。「それなのになぜ、そんな研究をしているのですか？」と。

私は言語とコミュニケーションを専門としている哲学者です。「哲学者」というと孤高の賢人みたいなのをイメージするかもしれませんが、現代における「哲学者」というのは、要するに哲学という学術分野で活動をしている研究者のことで、そんなに世間から隔絶された存在ではありません。スーパーでセロリを買ったり、服屋さんでTシャツを眺めたりして暮らしています。ともあれ、仕事としては哲学の研究と教育をおこなっています。そんなわけで、私は自分では人見知り過ぎて会話が苦手であるにもかかわらず、言語やコミュニケーションに関する論文をせっせと書いたり、学生に向かって講義をしたりしているわけです。

でも、考えてみると、人見知りだからこそこうした研究をしているのかもしれません。おかしな発言で空気を変にしてしまったり、期待されている反応を返すことができず相手を困惑させてしまったり、過度に親しげに話すかと思えば過度に他人行儀に話すなど、距離感を間違えた接し方をしてしまったりと、私の日常には会話での失敗が毎日のように起きます。そのたびに私はあわあわと戸惑い、恥ずかしくなったりくよくよしたりしながら、「いったいあのとき、どういう会話がなされていたのだろう？　私はどこで会話をぎこちないものに変えてしまったのだろう」と考えてきました。ひととたくさんしゃべった日の夜は、お布団のなかでその日の会話の反省点を思い浮かべながら横になっています。だから、ひょっとしたら私はもともと言語やコミュニケーションについて、立ち止まってじっくり考える習慣のある人間だったのかもしれない、といまは思います。極端な人見知りであったおかげで。

そんなふうにして言語やコミュニケーションについて考えることの多い私に、哲学はたくさんのツールを与えてくれました。言葉が意味を持つとはどういうことか、コミュニケーションのなかで私たちはどんな行為をしているのか、そもそもコミュニケーションとは何なのか、言葉と世界はどのように関わっているのかなどなど、哲学者はいろいろなことを考えてきました。そのどれも、決定的な答えが与えられてはいない問題ですが、それでもこうした問題をじっくりと考えていくなかで、そうした思考を組み立てるのに使える道具を哲学者たちはたくさん考案してきました。私にとって哲学を勉強するというのは、そうした道具を一個一個受け取り、いつでも使えるように自分用の道具箱にしまっていくということでした。もともとはただ悶々と「変なことを言ってしまったかな……」と思い悩むだけだった私ですが、いまではこの哲学の道具箱を使って、そこからレンズを取り出したり物差しを取り出したりしながら、自分の頭を悩ませている現象について考えてみることができるようになってきました。

この本では、私のそうした日常をそのままにつづっています。ですので、ひょっとしたらちょっとばかり変わった本かもしれません。なかにはいかにも哲学の本っぽい部分もあります。実際、私は繰り返し哲学者に言及し、その理論を紹介しています。でも、私自身の生活を取り上げたエッセイにも見えます。例えば金沢で知った料理の話をしていたり。かと思うと、非常にシリアスな社会問題の話が出てくることもあります。これらはいずれも、私にとっての日常です。そして私はこの日常のなかで、繰り返し言葉やコミュニケーションに関するもやもやを抱えています。この本は手短に言うと、私が日常を暮らしていて抱いたそうしたもやもやを、哲学の道具箱をふんだんに利用しながら語る本です。

私の語る日常に共感してくれるひともいるかもしれません。だとしたら、仲間が見つかって私もとても嬉しいです。私と同じような生活は送っていないけれど、でも私が使っている哲学の道具立てを自分も使ってみたいと感じてくれるひともいるかもしれません。ぜひどんどん使ってみてください。ひょっとしたら、「自分とはぜんぜん違う変なひとがいるな」と感じるひともいるかもしれません。それもそれで、私にとっては「こんなひともいるんだよ」と知ってもらえるわけですから、嬉しい出会いです。どんなふうに読んでもらうのであれ、私の書いたものが誰かと繋がるというのは、私にとっては喜ばしいことです。私が語ること、本書で言及する哲学者たちが語ること、あるいはそれ以外の哲学者たちが語ること、……そうしたさまざまな言葉を集めて、自分が使うための言葉が詰まった自分用の哲学の道具箱をぜひ作ってみてください。

ひとつだけ、注意をしてもらいたいことがあります。それは「哲学の理論に基づいた語りが絶対的に正しいというわけではない」ということです。私は自分の感じたこと、経験したことにさまざまな哲学の枠組みを当てはめてみています。それと同じことをほかのひとがしてみたところ、結果的にそのひとの経験をその理論ではうまく捉えることができない場合があるかもしれません。でも、理論でうまく説明できないというのは、その経験が実在していないとか、偽物であるとかといったことを含意するわけではありません。単に、その経験を語るのにうまく使える理論ではなかったというだけです。あなたの経験、あなたの生きる世界、あなたのアイデンティティは、理論や概念より先に存在しているものです。うまく使える理論が見つからなかったとしても、自分を否定したりはしないでください。そのうえで、余裕のあるときに新しい道具を探しに試しにいままで読んだことのない哲学書を開いてみるなどすると、ひょっとしたら思いがけずしっくりと来る枠組みが見つかることもあるかもしれません。

目次

言葉の道具箱

レンコン団子の美味しさ

このところ、レンコン団子の美味しさをどう伝えたらいいかと頭を悩ませている。いや、「悩ませている」は大袈裟だが、それにしたって、美味しさを言葉で伝えるというのは難しいものだ。

きっかけは、数年ぶりに金沢に行ったことだった。二〇二三年四月に応用哲学会という学会が金沢大学で開催され、私もそれに参加していたのだ。コロナ禍で対面学会が開催されていなかったあいだにも大学院生や若手研究者が新たに入会していたようで、参加者の女性比率が見たところ大きく改善されていたり、私以外にもオープンリークィアなひとが増えているらしかったりと、人見知りで学会が苦手な私にしては、思いがけず心地よい時間を過ごすことができた。

さて、学会参加のための旅行にはちょっとした楽しみもある。現地での食事だ。朝から夕方にかけて研究発表を聞くものだから観光に行く時間はそんなにないし、お昼はコンビニや大学の食堂で済ませることになりがちだが、晩ご飯についてはその気になればこだわることもできる。

そんなわけで、私はレンコン料理を売りにしている居酒屋を訪れたのだった。カウンター席は埋まっていたので座敷に通されたのだが、そちらにはほかの客が誰もおらず、広々とした座敷でひとりぽつんとすることになった。「居酒屋」と言ったが、どうも居酒屋と割烹のあいだくらいのお店みたいで、お店のひとが頻繁に顔を見せ、料理の説明をしてくれたり、話し相手になったりしてくれる。座敷が貸し切り状態なのもあって、大名にでもなった気分だ。

そこで勧められたなかにレンコン汁というものがあった。すりおろしたレンコンを溶かしたお味噌汁に、レンコンで作った大きな団子が浮かんだ料理だ。食べてみて驚いた。このレンコン団子が想像以上に美味しかったのだ。普通のレンコンを団子にしようとすると、きっと片栗粉なり小麦粉なりで粘り気を出す必要があると思うのだが、お店のひとによると金沢市を中心に栽培されている加賀レンコンは粘り気が強く、そうした混ぜ物なしで団子になるらしい。そしてそのレンコン団子の食べ心地たるや、私が人生で食べたレンコンたちで美味しさ勝負をしたなら、間違いなくチャンピオンの座に輝くだろう。

思えばとても実り豊かな学会だった。フェミニズム関連の発表などを中心に勉強になるものも多かったし、読むべき文献の情報もたくさん仕入れることができた。そしてそれに加えてレンコン団子！　友人たちへの土産話としては十分以上だろう。

そんなわけで大阪に戻り、私は意気揚々と友人にレンコン団子の話を繰り出した。

「レンコンだけで作ったらしいのに、むにむにして、なんだかもうお団子やお餅みたいで、見た目も食感もすごく可愛いんだよ！」

……いくらなんでも食レポが下手すぎないか、と自分でも思ってしまう。この発言を聞いて、いったいどうレンコン団子の美味しさを受け止めればいいというのか。実際、友人の感想は「その食レポを聞くより『レンコン団子』って名前のほうが美味しそうに思える」というものだった。ただ名前を言うだけよりも下手な食レポってどうなんだ。

たぶんダメな点はたくさんある。まずレンコン団子の美味しさを伝えるのに食感の話しかしていないというのが気になるし、その話をするにしたって「お団子」や「お餅」などとほかの食べ物に喩えるのは下手な食レポの典型ではないだろうか。いや、そもそもレンコン団子を「お団子のよう」と形容するのは、パウンドケーキを「ケーキみたいに甘くて美味しい」と語るようなもので、もう少し別の言葉を選ぶべきではないだろうか？　そして美味しさを伝えようというのに、決め手として出すのが見た目や食感の可愛さでいいのだろうか？　だいたい、「食感が可愛い」というのは、本当に私以外にも伝わる感覚なのか？

このようにして自分の食レポの下手さに思いがけず向き合うことになり、ふと思ったのだ。では、下手でない食レポとは何なのだろう、美味しさをちゃんと伝えるにはどうしたらいいのだろう、と。料理の批評は素人でも、言語論やコミュニケーション論については私も曲がりなりにも専門家の末席に名を連ねているはずで、こういう場面こそこれまでの研究成果の使いどころだろう。

私はコミュニケーションを哲学者マーガレット・ギルバート（Margaret Gilbert）の「共同的コミットメント」という概念をもとに理解している。多くの場合、コミュニケーションは話し手が心のうちのメッセージを表に出し、それを受け取った聞き手が話し手の想定するメッセージを復元することで成立するものとされる。それに対して私は、例えば話し手から聞き手に「明日は雨になる」と伝達されるというのは、「話し手が明日は雨だと信じているものとして、今後は互いに振る舞いましょうね」という合意が話し手と聞き手のあいだで形成されるものだと見ている。共同的コミットメントというのは、こうした複数人のあいだでの合意を哲学的に分析するための概念だ。

では、私が友人に「レンコン団子は美味しい」と伝えるときには何が起こっているのだろうか？　私のコミュニケーション観からすると、「三木がレンコン団子を美味しいと信じているものとして、今後は振る舞いましょうね」という合意が私と友人のあいだに形成されたなら、そのコミュニケーションは成功したということになりそうだ。でも、これってどこか変ではないだろうか？

私が友人に「レンコン団子は美味しいんだよ」と言ったとしよう。それを聞いた友人が、「なるほど、あなたはレンコン団子が美味しいと思うんだね。でも私は別に食べたいとは思わないな」と返したとしたらどうだろう？　もちろんある意味ではコミュニケーションは成功しているのだが、けれどこれでは美味しさが伝わっているとは言えないのではないか。でも、この返事は「三木がレンコン団子を美味しいと信じているものとして、今後は振る舞いましょうね」という合意に反するものではない。少なくとも私がレンコン団子を美味しいと思っていることは尊重してくれているのだから。

これはどういうことだろう？　「明日は雨になる」の場合には、「なるほど、あなたは明日雨が降ると思っているんだね。でも私は晴れそうな気がするな」と返されたところで、「伝わっていない」感覚がここまで生じることはなさそうだ。どうも、美味しさの伝達には特有の何かがあって、私のコミュニケーション観ではそこをうまく捉えられていないのではないか。

でも、焦る必要はない。哲学の歴史は相当に長く、探せばいろいろと参照できる議論が見つかるはずだ。例えば、イマヌエル・カント（Immanuel Kant）はどうだろう？

何かを美しいと見なすような判断を、カントは「趣味判断」と呼ぶ。カントは『判断力批判』（*Kritik der Urteilskraft*）という著作で、この趣味判断なるものがいったいいかなる判断なのかを論じている。そのなかに、趣味判断には普遍的同意の必然性が含まれるという議論が出てくる。

> 我々は、或る種の判断によって何か或るものを美と断定する、そしておよそこの種の判断においては、ほかの人達が我々と異なる意見をもつことを許さない、それにも拘らず我々の判断は概念に基づくのではなくて、まったく我々の感情に基づいて行われるのである。（『判断力批判（上）』篠田英雄訳、岩波文庫、一九六四年、一三五頁）

例えば、私はムンクの『マドンナ』が美しいと思っている。この「美しいと思っている」というのが趣味判断なのだが、私が「『マドンナ』は美しい」という判断をしたのは、『マドンナ』を見て私が「いいなあ」と感じたからであって、その意味でこれはあくまで私の主観的な感情に基づく判断だ。

けれど、「『マドンナ』は美しい」という判断は、単に「私は『マドンナ』を見ると幸せな気持ちになる」ということではなく、きっとそこには「誰だってこの絵を見ると幸せな気持ちになるはずだ」という考えも含まれているだろう。だからこそ、「私は好き」ではなくわざわざ「美しい」という言い方をしているのだ。その点で「『マドンナ』は美しい」という判断は、異なる意見を許さず、「誰でもこれに合意するはずだ」という意味合いを帯びている。

「美味しい」も、こうした趣味判断の一種と見なせるだろう。だとすると、「レンコン団子は美味しいんだよ」という発言も、相手の合意を求める側面を持っていると言えそうだ。要するに、「三木がレンコン団子を美味しいと信じているものとして、今後は振る舞いましょうね」ではなく、「二人ともレンコン団子を美味しいと信じているものとして、今後は振る舞いましょうね」という合意が得られて初めて、レンコン団子の美味しさがちゃんと伝わったことになるのだろう。そのためには、「友人がレンコン団子を美味しいと信じているものとして、今後は振る舞いましょうね」という合意も必要になるのだが、「なるほど、あなたはレンコン団子が美味しいと思うんだね。でも私は別に食べたいとは思わないな」という友人の発言からはこの合意への拒絶の意志が表れていて、きっとそれが「伝わっていない」感覚を生じさせているのだ。

こう考えていくと、上手な食レポと下手な食レポを分けるものも見えてきそうだ。とどのつまり、相手にこうした合意をスムーズに促すような食レポが上手で、そうでないものが下手なのだろう。

仮に相手がお団子やお餅を好きだとしても、レンコン団子を「お団子やお餅みたい」と喩えたところで、お団子やお餅みたいなものを望むならお団子やお餅を食べれば済むのであって、レンコン団子の美味しさに相手が合意する理由には大してならない。たぶん重要なのは、普通のお団子やお餅にはないプラスアルファの部分なのだ。それに、相手がもしお団子やお餅をそもそも好きでなかったら、その喩えはまるで逆効果だろう。

「見た目や食感が可愛い」もそうだ。「可愛い」という判断もそれ自体が趣味判断にあたるが、それは肝心の「美味しい」という趣味判断とはまるで別の話だ。私にとっては見た目や食感の可愛さは大事であって、食べ物といえば真っ先に話題に出したいことであったとしても、美味しさに関する合意を得るうえではきっと悪手なのだ。

こう考えていくと、どうも私の食レポは、私が何を好ましく思ったかという話ばかりしていて、相手にとって「なるほど、きっと美味しいんだね」と合意するきっかけを与えるような要素が足りていなかったらしい。私自身が好ましく思い、しかも相手にとっても好ましく、「それならば」と合意したくなるような何かを挙げるのが、よい食レポに違いない。

同じことは趣味判断全般について言えそうだ。私たちは美しさや楽しさ、面白さを伝えるときに、それが主観的な感覚に根差しているがゆえに、ついそうした感覚そのものを言葉にしようとしてしまう。「この感覚をきちんと語れたなら伝わるはずだ」と。でも本当に大事なのは、自分が抱いている感覚を説明することではなく、美しさ、楽しさ、面白さについて合意するに足る理由を聞き手に与えることなのだろう。趣味判断は主観に基づくが、その主観自体は趣味判断を伝えるときのポイントではないのだ。

ともあれ、レンコン団子の美味しさをいかに伝えるかの話に戻りたい。どう工夫すればよいのだろうか？　食感がもちもちしていることには、たぶん言及してもいいだろう。もちもちは多くのひとにとって好ましいはずだ。それ以外に何の話をしたらいいだろう？　温かさはどうだろうか。レンコン汁のあの温かさは、誰にとっても喜ばしいことに違いない。なら、「寒さの残る春の金沢を歩き回って冷えた体が、お腹からゆっくり温まる」などと言ってみてはどうか？　実際、そのときの金沢はやたらと寒くて、レンコン汁の温かさがありがたかったのだ。あと、味についてまるで言及していなかったのはよくなかった。少し日が経って正確には覚えていないけれど、調味料がそこまであれこれと入っていないレンコン団子をかじったときに、じんわりと出汁が染み出すのがよかったような記憶がある。

というわけで、改良版のレンコン団子レポートはこうだ！

「とろりとしたレンコン汁が冷えた体をお腹からゆっくりと温め、そのなかに浮かんでいるレンコン団子をかじると、もちもちした食感の素朴な味わいの奥から、じんわりと出汁のうまみが染み出してくる」

……どうでしょう？　ちょっとは上手になったでしょうか？

言葉が奪われる

また言葉が奪われてしまった、と思った。二〇二三年五月一二日、自民党の合同会議でいわゆるＬＧＢＴ理解増進法案に関して、「性自認」という語を「性同一性」に書き換える修正案がまとめられたと報じられた。これを聞いて私は、「性自認」も「性同一性」も、これまでのようには使いにくい言葉になったと感じたのだった。

「性自認」と「性同一性」は、もとをたどればいずれも同じgender identity（ジェンダーアイデンティティ）という言葉の訳語である。その意味では、本来それらは同じ事象を指している言葉であるはずだ。だが、わざわざ「性自認」を「性同一性」へと書き換えるということは、その前提にはそれらの言葉が異なる意味を持つという考えが、あるいは少なくともそうした考えを是認するようなニュアンスが含まれている。

実のところ、もともとこれらの用語をめぐっては、トランスジェンダー当事者のあいだでも意見が割れている面があった。ただし、その意見の割れ方は自民党による文言の修正に関わる意見の割れ方とは様相を異にする。トランスジェンダーの人々は、「性自認」や「性同一性」や「ジェンダーアイデンティティ」が何を指しているかはわかっているし、おおよその共通理解もある。そのうえで、「それ」を表すのによりしっくりくるのは、「性自認」なのか「性同一性」なのか「ジェンダーアイデンティティ」なのか、あるいはそれらとは別の新しい言葉なのか、とさまざまな意見をぶつけ合っていた。

あるひとは、結局のところ指す対象は変わらず、いま流通しているのは「性自認」なのだからこれでいい、と言う。別のひとは、identityがそもそも精神分析家エリク・H・エリクソン（Erik H.Erikson）の心理学用語であり、この言葉が「自己同一性」や「自我同一性」と訳されている以上、「性同一性」が適切だと言う。私自身は、いずれにせよ日本語に置き換えた時点で漢字のイメージに引きずられて誤解を招きがちなので、いっそカタカナで「ジェンダーアイデンティティ」でいいのでは、と考えていた。

これらの人々のあいだでは、こういった言葉が何を指すのか、あるひとの性自認／性同一性／ジェンダーアイデンティティが◯◯であるとはどういうことなのか、といった点で理解に大きな齟齬があったわけではない。もともとトランスジェンダーコミュニティでは、ひとが自分自身を表すのに選択した言葉を尊重しようという傾向が強い。だから、誰かが自らの経験を話すのに「性同一性」という言葉を選ぶのであれば、仮に自分にとってしっくりくる言葉が「性自認」であったとしても、そこは特に反論したり意見を言ったりはせず、そのままで受け取ることが多かったように思う。結局のところ、どの言葉を使うにせよ、それによって何の話をしているかについては、互いにわかっているのだから。議論になるのはあくまで、個々の経験を超えて、トランスジェンダーに関する語りを一般化するときにどういった訳語が望ましいかといった話題においてくらいだった。

ジェンダーアイデンティティ（と、ここではカタカナで記しておこう）とは何か、私自身が理解する限りにおいて語ってみよう。哲学者キャスリン・ジェンキンズ（Katharine Jenkins）は、「改良して包摂する」（"Amelioration and Inclusion"）という論文のなかで、ジェンダーアイデンティティを「地図」にたとえている（この論文は慶應義塾大学出版会から出た『分析フェミニズム基本論文集』に収録されている）。もともと心理学者ウィリアム・E・クロス（William E.Cross）が人種的アイデンティティを「地図」として説明し、それを哲学者サリー・ハスランガー（Sally Haslanger）が人種に関する哲学的議論のなかに組み込んでいたのだが、ジェンキンズはこれをジェンダーにも応用しようとしたのだ。ジェンキンズによれば、この社会では社会階級として女性や男性というジェンダーがあり、そしてそれぞれに応じてこの社会を生き抜くための指針が存在する。この指針をジェンキンズは「地図」と呼んでいるのである。この比喩は、私自身の経験に比較的近い。

私たちは、自分の暮らす範囲の「地図」を心のうちに持っている。あの道は私道だから入れない、あちらに行くと歩道橋があってスムーズに駅に行ける、こっちに行くと開かずの踏切があるから避けるようにしよう、などなど。意識しているか否かを問わず、出勤や登校のときにも、買い物や遊びに行くときにも、私たちは慣れている場所では心の「地図」に従って行動する。

さて、ちょっと小説じみた設定を付け加えよう。あなたの暮らすその町とまったく同じ町だけれど、どの道が私道なのか、どの踏切がなかなか開かないのかなどは違っている場所があると考えてみてほしい。モノとして存在する道は同じなのだが、このふたつ目の町では、どういったルートをたどればスムーズに駅に行けるかがまるきり異なっている。そうすると、その町で生きる人々の心の「地図」は、あなたが持っている心の「地図」とだいぶん違うものになるだろう。さらに空想を広げて、このふたつの町が、まったく同じ世界に重なり合って存在しているとするとどうだろう？　同じ踏切が、第一の町に生きるひとには容易に開くが、第二の町に生きるひとにはなかなか開かない、というように。

第一の町に生きるひとと第二の町に生きるひとは何で区別されているのだろう？　この架空の世界では、生まれたときの人差し指と薬指の長さの比率でそれを区別している。人差し指の長さを薬指の長さで割った結果が０・９５より小さければ第一の町のひと、０・

95以上ならば第二の町のひとに分類され、踏切などはそれに合わせて稼働するように設定される。第一の町に分類されたひとは、生まれつきの要因と学習とが合わさって、多くの場合には最終的に第一の町用の「地図」を手に入れる。

けれど、そのなかにほんのわずかだが、どうがんばっても第一の町用の「地図」を手に入れることができず、どういうわけか第二の町用の「地図」を手にしたり、いずれとも異なる「地図」を手にしたり、場合によってはそもそも「地図」を持たなかったりというひとが現れる。そのひとは、仮に「地図」を持っていたとしても、自分の「地図」に従うと行き止まりに突き当たったり、私道に入り込んで叱られたり、あるとされているはずの歩道橋が見つけられず道を渡れなかったりする。いくら周りに注意され、第一の町について教え込まれ、第一の町の「地図」を身に付けようと努力しても、どういうわけかうまくいかない。このひとはやがて、実は自分が持っているのは第二の町の「地図」なのではないかなどと考え始めるが、周囲からは「いや、お前の指の長さは第一の町の人間のものだ。だから第二の町の住人の振りなどしてはならない」と言われる。だが、そのひとは「振り」などしていなくて、ただ第二の町の「地図」と思われるものしか持っていないから、その通りに行動しているだけなのだ。

私にとって、トランスジェンダーとしての経験はまさにこういうものだった。私が持っている「地図」に照らして行動をすると、あちこちで道が通行止めになっていたり、「ここに来てはいけない」と非難されたりする。なぜ自分がこの「地図」を持っているのかまったくわからず、しかしそれ以外に頼るべき「地図」は何も見つからない。仕方がないから手持ちの「地図」の通りに暮らせるよう周りのひとに相談したり、外見を工夫したりして、ようやく普通に暮らせるようになったところだ。

もちろんこれはジェンダーアイデンティティの語り方のひとつに過ぎないし、こうした語りがほかのトランスジェンダーやノンバイナリーのひとたちにとってもしっくりくるのかはわからない。ただ、語り方や経験が異なっても、それでも私たちは「どう言い表すのが適切かについてはまだ共通理解がないけれど、とにかく『これ』について語りたいのだ」という感覚は共有しているように、私は感じている。私たちは「性自認」、「性同一性」、「ジェンダーアイデンティティ」という言葉で、「これ」の話をしてきたのだ。

こうした状況が、変わりつつあるのかもしれない。「性自認」から「性同一性」にという自民党の提案の背景として、Twitter（現X、以下同）や5ちゃんねるまとめブログなどを中心に、「性自認」を単なる「自称」と同一視し、揶揄する風潮が数年前から広がっていた。「自分は女だと言ったら男でも女湯に入れる」などの語り口が典型だが、それだけでなく「女と言うだけで女自認になるなら、自分は猫自認だ」というような揶揄もよく見られるようになった。もちろん、本当に猫としての「地図」を形成してしまった猫自認の存在がありえないということを言いたいのではない。そういうことはあるかもしれないが、しかしその場合でも決定的に重要なのは、「性自認」における「自認」はもともと「地図」について語る言葉であって、「自称」を意味しているわけではないということだ。ましてや「自称するだけで女にも猫にもなれる」という話なんてもともと誰もしてはいないのだ。

もちろん、トランスジェンダーの人々は周りにカムアウトし、自分のジェンダーアイデンティティを告げることがある。シスジェンダーの人々と違い、トランスジェンダーの人々は自分の「地図」で生きるために、周りの人々と交渉する必要があるからだ。けれどこれはあくまで、「地図」と整合的に生きるための工夫のひとつでしかない。「自分の性別はこうだ」と言えばその性別になるなどという話ではなく、ジェンダーアイデンティティという「地図」を持ってこの社会で暮らすためには誰かに自分のジェンダーアイデンティティを伝えなければならない場面がある、というだけなのだ。

「性同一性」という言葉はどうか？　多くのひとが指摘していることだが、「性同一性」は、トランスジェンダー当事者たちの語りを脇に置くと、主に医療の文脈で、とりわけ「性同一性障害」という言葉との関係で用いられてきた歴史を持つ。それゆえ少なからぬひとがこれを医師により診断されるものだと認識しているだろう。

けれど、医療に頼ることもまた、トランスジェンダーの人々にとっては自分の「地図」で生きるための工夫のひとつでしかない。この社会には、体形や顔つきに基づいて他人の性別を判断し、それをもとに扱いを変えるという風習が広くいきわたっている。すると、例えば男性の「地図」を持っているものの、他人がすぐに「女性」へと分類するような外見をしているひとは、うまくやっていけない場面が多くなる。そんなとき、医療の助けを借りて世の中で「女性」に結びつけられている身体的特徴（膨らんだ胸とか、つるっとした口回りとか）を減らし、「男性」に結びつけられている身体的特徴（平らな胸とか、髭の生えた口回りとか）を手に入れれば、スムーズに暮らしやすくなる。けれどそのためには医師の協力が必要で、それを得るには医療上の基準を満たしていると納得してもらわないといけない。

そういうわけで、トランスジェンダーのなかには診断を求めるひとも多くいる。とはいえ、これもあくまで生きるための工夫であって、医師の診断基準がすなわちジェンダーアイデンティティそのものの基準であるというわけではない。これは痛みの場合と同じだ。私たちは体に痛みがあると医師に診察を求めることがあるが、それはあくまで痛みを癒やすための手段にすぎない。仮に病気や怪我だと診断されなかったとしても、痛みそのものがなかったことになるわけではない。

「性自認」か「性同一性」かという話題になったとき、そしてそれらが同じ英単語の訳語でありながら異なる働きをしていると想定されるとき、私はそのどちらの言葉も私たちが本来語っていたことからずらされているように感じてしまう。私たちは自称の話をしていたのでも、医療の話をしていたのでもなく、どちらの言葉を使っているときでもずっと「地図」の話をしていたはずだった。けれどいつのまにか、それらが別個の意味合いを担っているとされるようになり、「自称か医療か」という二者択一のなかに押し込められてしまっている。私たちのしていた話はどこにいってしまったのだろう？

これは単に「意味を誤解されている」ということに尽きる話ではない。文脈そのものが奪い去られているのだ。そもそもトランスジェンダーの数は極端に少ないわけで、果たしていったいこの社会でどれだけのひとが、トランスジェンダーの人々自身が「性自認」や「性同一性」について語る文脈に触れたことがあるのだろう？　たぶんほとんどのひとはそんな語りの存在さえ知らないのではないだろうか。そんななか、「自称か医療か」という文脈だけが与党の後押しさえ受けて広められていく。

文脈がずらされることで、「性自認」や「性同一性」が犬笛化していく面もある。犬笛とは、もともとは人間には聴こえず犬には聴こえる周波数の音を発するホイッスルを指す。それが転じて、ある集団の心理には作用するがそれ以外の人々には作用しない言葉を「犬笛」と呼ぶようになった。例えば政治家が特定のグループの危機感や恐怖心を煽ってそのグループの支持を得つつ、そのことをそれ以外の人々にはわかりにくくしようとするとき、しばしば犬笛が用いられる。この話題でよく取り上げられるのはドナルド・トランプで、トランプは保守層の支持を得るために犬笛を繰り返し用いてきたと言われている。

私の考えでは、犬笛は文脈の想起と結びついている。限られた文脈でしか用いられない変わった言葉を使われると、その文脈に馴染んでいるひとは否応なしにその文脈を想起してしまう。そして、それによってその文脈に触れたときの心理も表に出てしまうのではないか。

「性自認」かそれとも「性同一性」かという議論がなされるのは、「自称か医療か」の文脈だ。そしてその文脈では、「自認を認めたら女を自称する男が……」といった発言が繰り返しなされている。おそらくそれによって、トランスジェンダーの当事者たちが紡いできた語りを知らない人々にとって、「性自認」と「性同一性」という言葉から想起される文脈は、「自称か医療か。そして自称ならば女を自称する男が……」というものになりつつあるのではないだろうか？

だとすれば、「性自認」や「性同一性」という言葉を使った時点で、「自称か医療か。そして自称ならば女を自称する男が……」という文脈が、その文脈を知るひとには否応なしに想起させられ、そこに結びついた感情的な反応が引き起こされてしまうだろう。それはもちろん、トランスジェンダーへの恐怖を煽られるという否定的な反応だけでなく、トランスジェンダーへの恐怖を煽る者への義憤といった肯定的な反応である場合もあるかもしれない。しかしいずれにせよ、「性自認」や「性同一性」が、あるいはひょっとしたらすでに「ジェンダーアイデンティティ」も、そうした感情の喚起抜きには使い難い言葉になってしまっているとしたら、私たちはもういままで通りにこれらの言葉を使うことはできない。単に「地図」の話をしたいだけであったとしても、それを聞いたひとが「自称か医療か」という文脈に結びついた感情を掻き立てられるようでは、その感情的反応への対処に追われて、もう「地図」の話どころではない、ということになってしまいかねない。

ここには、哲学者ミランダ・フリッカー（Miranda Fricker）の言う「解釈的不正義」も関わっていそうだ。私たちの社会は、さまざまな事柄に関する理解の仕方を互いに相談しながら決めていき、そうしてまとまった共通理解を蓄積していく。そのなかには、「トランスジェンダーとはどういったひとなのか」ということも含まれるだろう。けれど、そうした共通理解の形成の場面から当事者の集団がはじき出され、結果的にその集団に関する共通理解の形成に当事者自身が関与しづらくなることがある。これをフリッカーは「解釈的周縁化」と呼ぶが、トランスジェンダーをめぐってはまさにこの解釈的周縁化が起こっていると私は感じている。実際、「性自認」か「性同一性」かという議論は、ほとんどが「シスジェンダーがトランスジェンダーをどう理解しているか、どう理解したいか」の話になっていないだろうか？　そうした議論のなかで、トランスジェンダーのひとたち自身がどんな経験をし、何をジェンダーアイデンティティという概念と結びつけているか、果たしてどのくらい話題にされただろう？

解釈的周縁化が起きると、その集団は自分自身の経験を理解したり、経験を他の人々と共有したりするための概念や言葉が不足する事態に陥ってしまう。これが解釈的不正義である。いま、「性自認」、「性同一性」、「ジェンダーアイデンティティ」という言葉は、その言葉を必要としてきた当の人々が脇に置かれた現場でまったく別の文脈と結びつけられて用いられるようになり、結果的にトランスジェンダーの人々が本当に語りたいことをほかのひとたちと共有するのがどんどん難しくなっている。解釈的不正義が、まさにいま起きているのだ。

言葉は「単なる言葉」ではなく、それ自体が一個の資源であり、正義と不正義の現場だ。私が懸念しているのは、私たちが必死になって掘り起こし、作り上げた言語的資源が、私たちの手元から不当に奪い去られ、まったく別の用途に流用されているのではないかということだ。これに対して、いったいどう抵抗したらいいのか私にはわからない。ただ、私たちの言葉を、私たちの文脈で聞き、私たちと会話をしようとしてくれるひとがひとりでも多く現れてくれるようにと祈りながら、少しでも言葉を連ね続けるほかないのかもしれない。

この文章は、二〇二三年のプライド月間の始まりに書いていたものだ。一九六九年の六月にアメリカのストーンウォール・インというゲイバーで性的マイノリティの人権を蔑ろにする警察への反乱が起き、それが性的マイノリティの権利運動の起爆剤となった。それを記念し、毎年六月が「プライド月間」と呼ばれている。そのプライド月間に、香港では若いレズビアンのカップルが刺殺され、日本ではトランスジェンダーの弁護士が殺害予告を受けていると記者会見をした。

その後、LGBT理解増進法案は、「性自認か性同一性か」という議論が内包する有害さが指摘されることもないまま、「ジェンダーアイデンティティ」という言葉が採用されたかたちで、衆参両議院で可決された。法案には「全ての国民が安心して生活することができることとなるよう、留意するものとする」という一文が付け加えられたが、LGBT法連合会なども表明しているように、ただそこにいるだけで周囲から「不安を誘う異分子」とされがちな性的マイノリティにとって、これは「分をわきまえろ」という牽制にもなりうる言葉だ。この法案が参議院委員会で可決された六月一五日には、法案に抗議する性的マイノリティ当事者たちが新宿駅に集まり、次々とスピーチがなされた。私は泣きそうになりながらその声を聞いた。果たしてどれだけのひとが、その声に気づいていただろう？

「卒煙支援ブース」へようこそ

私が勤務している大阪大学には、「卒煙支援ブース」というものがある。文学部と法学部と経済学部が同居するコの字形の建物の中庭部分にプレハブの会議室があるのだが、その隣に「卒煙支援ブース」はひっそりとたたずんでいる。

この耳慣れない名前の空間がどういったものか、簡単に説明したい。電話ボックスを巨大化したような構造物で、外から中が見えるようになっている。その中央には灰皿が置かれ、周囲に軽く背をもたせかけられる手すりのようなものが設置されている。近くを通りかかったときに覗き見ると、だいたいいつも三、四人のひとが煙草を吸っている。

……いや、これは「喫煙所」ではないだろうか？　とあるとき無性に気になったのだった。生協に本を買いに行ったり、ATMにお金をおろしに行ったりするときには中庭を抜けるのが便利なので、そのあたりは頻繁に通りかかるのだが、これまではあまり意識しておらず、「最近は喫煙所も減っているけれど、この大学にはあるんだな」くらいにしか思っていなかった。けれど、よくよくそのスペースを見てみると、入り口に「卒煙支援ブース」という張り紙がある。そのことに気づいて、「え、喫煙所ではないの？『卒煙支援ブース』って何？」と、その謎の空間がいきなり存在感を増したのである。

調べてみると、「卒煙支援ブース」という言葉は大阪大学以外でも使われているらしく、二〇二三年四月から吹田市が「卒煙支援ブース」を設置しているという情報が見つかる。密閉型の喫煙所のなかで、煙草による健康被害や禁煙のための治療についての情報など、禁煙を促す動画を上映するというものらしく、これは確かに卒煙の支援を意図したものなのだろうと思わされる。ただ、大阪大学の「卒煙支援ブース」は、吹田市のそれとは趣が異なっているようで、ＳＮＳ上では「卒煙支援ブース」を利用してきた学生や卒業生だと思われる人々が、「うちの学校は『喫煙所』を『卒煙支援ブース』と呼んでいる」と話のタネにしている様子が窺える。利用者にとっても結局のところ喫煙所であるようだ。

いったいこの言い換えで何が起きているのだろう？　ひとたび意識し始めると、通りかかるたびに「『卒煙支援ブース』とは……？」と気になってしまう。指し示されているものはまったく一緒なのに、言葉だけ変える。それによって、はたして何がおこなわれているのだろう？

考えてみると、こうした言い換えはいろんな場面でなされている。ポジティブシンキングを説明するときの古典的な例として、コップに半分の水を「もう半分」と語るか「まだ半分」と語るかというのがあるが、これもその一種だろう。いずれにしてもコップ半分の水があるということに変わりはないのだ。表している状況は同じなのに、それを「もう」と語るか「まだ」と語るかで何かが確かに変わっている。もう少し「喫煙所」と「卒煙支援ブース」の関係に近そうなものとしては、二〇二二年に小池百合子東京都知事が提案した「育休」から「育業」への言い換えがある。

どうも私たちは、同じことを別の言葉で表すことで、何らかの違いを生み出すことができるらしい。実際いずれの言い換えも、呼び方の違いによって何かしらものの見方の変化が生じると想定されているのだろう。もちろんこの違いは、「ニュアンスの差」として普通は説明されるものだ。ただ私が気になるのは、そもそもどういう理由で私たちは、同じことを表す異なる言葉に「ニュアンスの差」なるものを感じているのかということだ。

同じものを指し示す複数の言葉があるということ自体は、これよりも広くさまざまな場面で見られる現象だ。例えば私はまったく同じものを指して「本」と「書籍」という言葉の両方を使ったりする。最近得た情報について友人に話すときには「このあいだ買った本に書いてあったんだけど……」と言ったりするが、研究費で購入したものの一覧を提出する場合には同じものを指して「書籍一点」などと記すだろう。ただ、「本」と「書籍」の場合、そこまでものの見方の変化が生じるようには思えない。もちろん、普段の会話では「本」と呼び、「書籍」という言葉は書類などのフォーマルな文脈でしか使わないといった違いはあるが、それによって指し示されている対象を見る視点がシフトするわけではないだろう。実際のところ、異なる言葉での言い換えはものの見方の変化を伴わないことのほうが多いとさえ言えるかもしれない。「ホチキス」を「ステープラー」と言ったり、「飲み会」を「宴会」と言ったりしたところで、物事の受け取り方や考え方が変わったりはしないはずだ。

ひょっとして新語が使われていることが関係しているのだろうか？　「卒煙支援ブース」や「育業」は「書籍」などと違って、新しくできた言葉だ。この点で何か違いがあるのかもしれない。でも、新しく言葉を作りさえすればものの見方の変化を生じさせられるというわけでもなさそうだ。「今後は『ぬいぐるみ』の代わりに『綿づめ動物』と言います」と宣言したところで、名指されているものに対する視点や態度は特に変わらないのではないか。だがそうすると、ますますものの見方の変化を伴う言い換えの存在が謎めいたものになってくる。

考えを進めていって行き詰まるならば、その考えの出発点を検討し直すべきだろう。「同じものを違う言葉で言い表すとなぜものの見方の変化が生じることがあるのか？」という問題に私は頭を悩ませていたのだった。でも、そもそも言葉の働きは「何かを表す」ということに尽きるのだろうか？

哲学史的には、「言葉は何かを表す」という考え方は言語論の主流をなしていた。一七世紀イギリスの哲学者ジョン・ロック（John Locke）は言葉がひとの心にある観念を表すと考えていたし、一九世紀から二〇世紀に変わる前後に活躍していたゴットロープ・フレーゲ（Gottlob Frege）や、その後のバートランド・ラッセル（Bertrand Russell）といった論者も、言葉（特に固有名）は何かしらの対象を表すという考え方を基本に据えていた。そしてフレーゲやラッセルの言語観はその後の分析哲学の言語観に受け継がれていき、現代でも多くの分析哲学者はこの発想をベースに議論をしている。でもこの考え方からすると、どうしても「『喫煙所』を『卒煙支援ブース』と言い換えることにいったい何の意味があるのだろう？」という疑問がもやもやと残り続けることになる。結局は同じものを指しているのだから、同じ意味の言葉なのではないか、というわけだ。

ただ、実はフレーゲによる議論には同じものを表す言葉が異なる意味を持つ状況に関するものもある。例えば「夏目漱石」と「夏目金之助」という言葉を思い浮かべてほしい。これらはどちらも同じ人物を指す言葉だが、それから得られる情報は異なっていて、「夏目漱石は実は夏目漱石なんだよ」と言われると「いや、『実は』も何も、それは当然のことでしょ?」としかならないが、「夏目漱石は実は夏目金之助なんだよ」と言われると、漱石の本名が「金之助」であることを知らないひとは「そうだったんだ!」となる可能性がある。フレーゲはこのように同じものを指し示す異なる言葉について、それらは同じ「意味(Bedeutung)」を持つが「意義(Sinn)」は異なっていると主張した。フレーゲの哲学において、「意味」は「その言葉が何を指し示しているか」に、「意義」は「その指し示された対象をどのように提示するか」に当たる。要するに、フレーゲの考えに従うと、「夏目漱石」と「夏目金之助」は同じ人物を指し示すが、その人物をどのように提示するかという点において異なっているということになる。このあたりの問題は分析哲学の言語論では王道中の王道と言えるテーマなので、ラッセルはもちろん、現代にいたるまでいろいろな哲学者がさまざまな主張をしている。

とはいえ、フレーゲのアイデアは「卒煙支援ブース」の謎を明かすにはあまり手助けにはならなそうだ。というのも、「夏目漱石」と「夏目金之助」というふたつの言葉は、取り立ててものの見方の変化を伴うわけではないからだ。それらがいずれも同じ人物を指していると知っているひとが、同じ本を「夏目漱石の本」と呼ばずに「夏目金之助の本」と呼んだところで、その対象への視線が変わるわけではない。でも、フレーゲによると「夏目漱石」と「夏目金之助」は異なる「意義」を持った言葉だということになる。そうすると、私が興味を持っているものの見方の違いは、フレーゲの言う「意義」の違いとは別の事柄だということになるだろう。

言葉だけを取り出して考えるのがよくないのかもしれない。言葉は基本的にはコミュニケーションのなかで用いられるものなのだから、その言葉を使ってなされるコミュニケーションについて考えてみたらどうだろう?

私のコミュニケーション観の中核には、マーガレット・ギルバートの言う「共同的コミットメント」の構築がある。ふたりのひとが一緒に歩いているとき、ひとりが勝手に先に行ってしまったり、ひとりが勝手に帰宅してしまったりしたら、もうひとりにはそれを非難する権利が生じる。だから逆に言うと、相手から非難されないためには、勝手に先に行ったり勝手に帰宅したりしないという義務を負う必要が生じる。こんなふうに権利や義務によってひとつの方向性へと複数のひとが結び付けられる状況を、ギルバートは「共同的コミットメント」という言葉で表している。一緒に歩いているふたりは、一体となって歩くことへの共同的コミットメントを形成しているのだ。

私はこの概念を利用して、例えば話し手が「来週末の花火大会に行くつもりだよ」と言って聞き手がその言葉をきちんと受け取ったとき、話し手と聞き手には『話し手は自分が来週末の花火大会に行くと信じているのだな』と信じてやっていきましょう」という共同的コミットメントが形成されると考えている。こうした共同的コミットメントがあるにもかかわらず、話し手がそんなことを信じてなさそうな振る舞い（花火大会に行く素振りを見せずに過ごすとか）をしていたら聞き手からは「嘘つき」と非難されるし、聞き手がそんなことを信じてなさそうな振る舞い（話し手に「来週末、旅行に行かない？」と誘うとか）をしたら、話し手の言っていることを真面目に聞いていなかったのかと非難されるだろう。逆に言うと、そうした振る舞いをしないよう、話し手と聞き手は互いに義務を負うことになる。コミュニケーションはこうした権利と義務による話し手と聞き手の結びつきを生み出すものだと、私は考えている。

試しに「ケーキ、もう半分しかないよ」と「ケーキ、まだ半分あるよ」の違いを考えてみよう。これらの発言が誰かに向けてなされたとき、それによって生じる共同的コミットメントには違いがありそうだ。「ケーキ、もう半分しかないよ」と誰かに言って、相手が「そうなんだ」と答えたとしてみよう。そこでその相手がすぐさま残りのケーキを勢い込んでがつがつ食べ出したら、「もう半分しかないって言ってるのに！」と責めたくならないだろうか？　でも、「ケーキ、まだ半分あるよ」と伝えた場合には、相手が勢いよく食べてくれたら逆に満足するかもしれない。

要するに、どちらも同じ状況でなされる可能性のある発言ではあるのだが、その発言をしたときに生じる権利と義務による結びつきが異なっているように思えるのだ。「ケーキ、もう半分しかないよ」と言った場合には、「ケーキが半分なくなり半分残っていると話し手は信じていて、しかも残りのケーキをゆっくり味わって食べるべきだとも話し手は信じている」といったことに合わせて今後は振る舞っていきましょうというコミットメントがありそうだ。でも「ケーキ、まだ半分あるよ」だと「ケーキが半分なくなり半分残っていると話し手は信じていて、しかも残りのケーキを存分に食べてよいとも話し手は信じている」みたいな話になるだろう。

私が気になっているものの見方の変化とは、実のところこのように権利と義務によって導かれる行動の変化なのではないだろうか？　「『喫煙所』はあそこにあるよ」と言ったなら、きっと話し手と聞き手のあいだには「話し手が指差した先に煙草を吸うためのスペースがあると話し手は信じている」という想定のもとで今後は振る舞いましょうというコミットメントが生じるのに対し、「『卒煙支援ブース』はあそこにあるよ」だと「話し手が指差した先には煙草を吸うためのスペースがあると話し手は信じていて、しかもその利用者は卒煙への意志を持っていると話し手は信じている」という想定にもとづくコミットメントが生じるのではないか？

注意すべきは、「卒煙支援ブース」という言葉は管理者だけではなく、利用者も使う可能性があるという点だ。利用者が「あそこに『卒煙支援ブース』があるから一緒に行こう」などと言った場合、この利用者自身が話し手となってコミットメントが生じることになる。結果的に、このひとは自分自身が卒煙への意志を持っていると信じているという想定のもとで振る舞うという義務を負うことになるのだろう。

……いや、でも、「卒煙支援ブース」の例をそれで本当に説明できているのか？　実際のところ、私の見ている印象からも、学生や卒業生の語りからも、「卒煙支援ブース」を使っているひとたちの振る舞いは「喫煙所」のユーザーと何も変わらないように見える。だとしたら、「卒煙支援ブース」を使うことで行動が変化したりなどしていないのではないか？　本当にこの言葉を使うことで、「利用者は卒煙への意志を持っていると話し手は信じている」という想定のもとで今後は振る舞いましょうというコミットメントが生じているのだろうか？

ここで重要なのは、いわゆる事実と規範の区別というものかもしれない。「卒煙支援ブース」の利用者は、事実としては「喫煙所」の利用者と同じことをしている。でも、「卒煙支援ブース」という言葉を受け入れ、使用したならば、やっぱり「ここの利用者は卒煙への意志を持っているものと話し手は信じていますよ」という約束事を守るよう方向づけられているのではないか。だって、そこは「卒煙支援ブース」なのだ。だから「『卒煙支援ブース』に一緒に行こう」などと言われた聞き手は、話し手が卒煙への意志を特に示すような行動を取らない場合、「自分が提示したコミットメントと違うことをしてない？」と非難を向ける権利を持つ。そう、きっと権利はあるのだ。ただたいていのひとがそれを行使していないというだけで。そうすると結果的に、行動を変化させる必要性もなくなる。もちろんコミットメントに従う方向で行動を決めることもできるが、必ずしもそうしなければならないわけではない。

一方で、たとえ振る舞いを変化させる必要がなくても、「卒煙支援ブース」という言葉を使う利用者に、心理的な影響が生じる面もあるかもしれない。それに違反したところで誰にも何も言われないとしても、その言葉でコミュニケーションをするたびに、「従うべきもの」としてコミットメントは生じているのだから。ひょっとして、この名称変更にはそうした狙いもあるのだろうか？

それにしても、義務と権利の結びつきによる行動の方向づけということを考えていくと、言葉はますます興味深くも恐ろしくも感じられる。仮に「喫煙所」という言葉がなく「卒煙支援ブース」という言葉だけがあったなら、その言葉の利用者は「喫煙所」と言ったときにもたらされるコミットメントについては知らないまま、「卒煙支援ブース」で生じるコミットメントだけを前提に、（それに従うにせよ従わないにせよ）振る舞いを決めていくのだろうか？　もしかすると、いまだだひとつの名称でしか呼ばれていない事柄のなかには、そのただひとつの名前が特定の方向へと私たちの行動を差し向けているものがあるのだろうか？　ひょっとして私たちの普段の振る舞いって、いろんな事物や現象にどんな名前がつけられているのかということによって方向性が定められているのかも？　そんなふうに想像し始めると、もはや目立ったところのない何気ない言葉のことも気になってしまう。

「生き延びましょう」とあなたへ向けて

二〇二三年七月一二日、ひとりのタレントが亡くなった。自らそれを選んだらしい。

そのひとが活躍し始めたとき、私はすでにテレビを手放していて、だからそのひとのことを頻繁に見ていたわけでもないし、熱心なファンだったわけでもない。ただ、私はそのひとがこのところ広い意味で「性別移行」と言えるような性表現上の変化を果たそうとしていたことは知っていたし、自らのアイデンティティとの葛藤のなかで父・母・子から成る既存の「家族」の枠に当てはまらない新しい関係をパートナーや子供と築こうとしていたことも知っていたし、そしてそれらがきっかけになってSNS上でトランスフォビックな誹謗中傷を苛烈に向けられていたことも知っていた。そのひと自身がどのような性別を生き、自分自身をどのようなアイデンティティの持ち主として位置づけていたのかはわからないけれど、私はそのひとをこの社会において同じ暴力や圧力を向けられている人間だと思っていて、それゆえ緩やかに「仲間」だと感じていた。

報道が出たとき、世の中のひとたちはどういう反応をしていたのだろう。実は私はそのあたりについてはよく知らない。「まさかそんなに思いつめていたなんて」とか「好きだったのに、ショック」とか、そういった言葉が並んだのだろうか。私の見ている風景は、それとは違っていた。

その日、私が使っているいくつかのSNSでは、「死なないで」、「生き延びていこう」といった言葉が並んでいた。SNS上でトランスジェンダーやノンバイナリーであると公言しているひとたちや、トランスジェンダーやノンバイナリーへの差別に明示的に抵抗の意志を示してきたひとたちが、そうした声を掛け合っていたのだ。私も最近は見ることが少なくなったTwitterを慌てて開いて、「生き延びていきましょう」というメッセージを発信した。もしかしたら見ているかもしれない、もしかしたらいままさに絶望しているかもしれないトランスジェンダー／ノンバイナリーのひとたちに向けて。

こうしたことがあったとき、自分が周縁的な集団に属しているのだと強烈に意識させられる。私はクィアな集団、哲学者の集団、大学関係者の集団、映画好きや演劇好きの集団などに重なり合うように属していると言えるだろうが、例えば哲学者の集団になると「死なないで」の呼びかけどころか、ほとんどこの報道に反応しているひとがいないように思えた。反応しているひとでも驚きを表明しているだけというのがほとんどで、「これをきっかけにほかのひとたちや自分が死んでしまうかもしれない」という恐怖を覚えているひとはまずいなそうに見えた。でも、私たちはその恐怖のなかで言葉を交わしていた。

そもそも、トランスジェンダー／ノンバイナリーの人々はそうでない人々よりも自殺リスクが高い。このことはいろいろなところでデータとともに指摘されているが、最近だと日本財団が一八歳から二九歳を対象に行った「日本財団第5回自殺意識調査」で、トランスジェンダー／ノンバイナリー等に当たるひとたちの場合、希死念慮や自殺未遂を経験した割合がそうでないひとたちよりもはっきりと高いことが示されている。[*1] 自殺未遂・自殺準備に関しては「トランスジェンダー・ノンバイナリー・その他」と回答したひとのうち40・6％が経験していると答えていて、これはそれ以外の人々の16・7％と比べてはるかに高い（このあたりは、集英社新書で出た周司あきら・高井ゆと里『トランスジェンダー入門』で紙幅を割いて解説されているので、詳しくはそちらを読んでみてほしい）。

これは、私の実体験上の感覚とも一致している。あくまで個人的な経験に過ぎないが、シスジェンダーの友人とおしゃべりしているときには自殺が話題になることはあまりないように思う。けれど、トランスジェンダーやノンバイナリーのひとたちと集まるときに、自殺は頻繁に、それも比較的カジュアルな仕方で話題になる。初めて自殺したいと思ったのはいつか（だいたい小学校高学年くらい？）、最近の希死念慮の調子はどうか、いま死にたさはおさまっているかなど、わりと普通に話す。初めて自分以外のトランスジェンダーのひとと話したとき、私が恐る恐る、少し悲劇的な雰囲気で「実は子供のころから死にたいと感じていて」と打ち明けたら、相手があっけらかんと笑いながら「いやー、みんなそうですよね！　私も死にたかったです！」と返してきたことを思い出す。私はそれまで自分と似たひとたちと接したことがなかったから、自殺なんてしようと思うのはとても珍しく悲痛なことで、それについて堂々と話すなんて憚られることだと思っていた。

気楽に語れるからといって、自殺が悲しかったり恐ろしかったりしないわけではない。むしろ、悲しく恐ろしいからこそ、身構えずに自殺や希死念慮について語ることで、できるだけ気持ちを隠すことなく互いにケアしあう習慣を身に付けているのだと思う。私たちは気楽に自殺について語るけれど、自分や仲間が自殺することを心底恐れている。それがすぐに起きるとわかっているから、なおさら。

新型コロナの感染が拡大し、外出が難しくなった時期にも、私は友人たちとまるで合言葉のように「生き延びましょう」と言い合っていた。コロナ禍の影響はもちろんトランスジェンダーやノンバイナリーのひとにだけ及んだわけではないが、これらの人々はほかのひとでも経験する困難に加え、ホルモン治療やただでさえ悪くなりがちなメンタルヘルスのケアを受けにくくなったり、ひとによっては予定されていた性別適合手術が延期になって自暴自棄気味になったりしていた。クィアな若者は家族と折り合いが悪いことも多く、そんななかでの「ステイホーム」はどれだけ辛いだろうと心配もしていた。たまに電話やZoomで話すときにも、自然と最後に「生き延びましょうね」と声を掛け合っていた。そうでないと、もう次に話す機会が失われる可能性があると感じていたのだろう。

これが、私が見ている風景だ。こんなふうに声を掛け合うコミュニティの存在に、どれだけのひとが気づいているのだろうか。こうして「生き延びましょう」と言い合って生きている人々のことが、どれくらい知られているのだろう？

こうした人々の存在を、こうしたコミュニケーションの存在を、語りたいと思った。けれど、私に何が語れるのだろうかと頭を抱えてしまう。それは確かに「ある」のだ。そして私もその一員として直に経験している。でも、私が見ているこの風景を、私が経験しているこの日々を、どんな気持ちで「生き延びましょう」と言い合っているかを、どうやって伝えたらいいのだろう？

私の手元には、哲学の言葉がある。例えば言語行為論の創始者ジョン・L・オースティン（John L.Austin）の概念を借りて、「生き延びましょう」は「依頼」と「約束」を組み合わせた言語行為だ、などと言うことはできる。「依頼」は、話し手が聞き手に何かをするよう促す機能をもつ。ただしその何かは、聞き手が何も言われずとも自発的におこなうとわかっているような行為ではなく、けれど話し手は「その気になれば聞き手にはこれができる」と信じているものでなければならない。「生き延びましょう」の場合は、生き延びようとしないかもしれない聞き手を、生き延びるための努力へと向かわせる機能を担っている、というわけだ。他方で「約束」という側面からは、生き延びるための努力を話し手側もするというコミットメントが生じる。

これを単に無味乾燥に語るのではなく、もう少し現実の状況や感情と結びつけて、「話し手も本当は自分がその約束を果たせるか自信がないからこそ、あえて約束をして自らを統御しようとしている」と論じたり、「大っぴらに『生き延びましょう』と言うことで、そのように自らを統御する姿をあえて晒し、聞き手に『私も頑張るからあなたも』と呼び掛けている」と語ったりすることはできる。こうした語りは嘘ではないし、少なくとも私自身が「生き延びましょう」と言うときには、まさにこのような気持ちを抱えている。

でも、それがどうしたというのだろう、とも思ってしまうのだ。どこかで「生き延びましょう」という発話がなされる。それを哲学的に分析すると○○のような機能を果たしていることがわかり、その機能を持った発話をすることの背後に話し手の○○という心理が見えると説明したとして、いったい何になるのだろう。いままさに、ここに、私の目の前に、そうした発話を必死でし合っている人々がいて、それがひとりやふたりでなく、大勢が一斉におこなっているのだということ、その口々の「生き延びましょう」によって作り上げられる私の見ているこの風景が、こうした哲学的分析にどれくらい反映されているのだろう？

こうしたとき、哲学の無力さを感じる。「哲学は抽象的で現実から切り離された営みなのだ」などと言いたいわけではない。むしろ私は哲学を、具体的な個人である哲学者たちによって営まれる地に足のついた学問で、あくまで日常生活や実社会に根差していると考えているし、だからこそ日常的に出会う現実の事象の分析に哲学を用いることに意義があるとも思っている。でも、足りないのだ。ひょっとしたら哲学が無力であるというより、私にとってこの風景があまりに鮮烈すぎて、「どうやったら知ってもらえるのだろう？」と過剰に考え込んでしまっているのかもしれない。ともあれ、哲学的に分析を試みたとき、確かに何かが語れているという感触がありはするのだが、それでも本当に知ってほしいことが取り残されているというもやもやもある。

ひょっとしたら、そもそも私は「生き延びましょう」の言語行為論的分析を知ってほしいわけでも、『生き延びましょう』と語り合う人々がいるんですよ」という知識を持ってほしいわけでもないのかもしれない。そうではなくて、そうした人々の存在を知らなかったひとが、もしかしたら自分の隣にその言葉が必要なひとがいるかもしれないと思って、

「生き延びましょう」、「死なないで」と語り始めること、そうして「生き延びましょう」と語り合うコミュニティに参入してくれること、私の知るこの風景の一部となって、そのひと自身もその風景を目撃することこそを望んでいるのかもしれない。私の知っている哲学的分析は、「何が起きているか」を語るものであって、人々を何らかの行為へと直接的に導くようなものではない。ここに私の感じるギャップがあるのかもしれない。

私はまだ、このギャップを超える方法を知らない。だから、いまはいったん哲学の話を脇において、私自身も語りかけることしかできない。生き延びましょう。とても苦しいことが多く、先行きが見えないこともたくさんあるこの世界で、それでも生き延びて、そしていつか機会があれば、どこかで出会い、語り合いましょう。

＊1　https://www.nippon-foundation.or.jp/who/news/pr/2023/20230406-87204.html

自分自身を語るために

このところ、「一人称権威」について考えている。一人称権威とは、私たちが自分自身の心とのあいだに持つ独特な関係を表す哲学用語である。

まずは、私があなたに何かを報告する場合を考えてほしい。私が「駅前にカフェができてたよ」と言ったとしよう。この場合、あなたはもし私の報告が疑わしいと感じたら、駅前に行って本当に新しいカフェがあるかどうかを確認することができるし、もし見当たらなかったなら、「カフェなんてなかったよ。見間違えじゃない？」などと反論することができる。たいていの場合、報告の正しさはほかのひとによって確かめることができるし、不正確だった場合にはその報告を退けることもできる。

しかし、こうしたことが成り立たない領域がある。自分自身の心のありようについて報告する場合だ。仮に私が「私は将来、一軒家を買いたいと思っているんだよね」と言ったとしよう。それが嘘やごまかしであることが明らかでない限り、他人が「いや、あなたはそんなこと思っていないよ」などと反論する余地はなく、私の言い分は「本人が言っているのだから、そうなのだろう」と受け入れられるはずだ。自分自身の心について「私はこれこれです」と一人称的に報告する場合、その報告は他人によっては覆しがたいような「権威」を帯びることになる。これが「一人称権威」と呼ばれる現象だ。

一人称権威は、心について哲学的に考える際には、（少なくとも私が専門としている分析哲学という分野では）基本的な前提と見なされている。誰かの哲学説を批判するときに「その考え方を採用すると一人称権威が成り立たなくなってしまうのではないか？　それはまずいだろう」と指摘したり、そうした指摘を受けて「いや、この立場でも一人称権威が成り立つと考えることはできるのだ」と応答したりといったやり取りは、学会や論文でよく見かける。それくらい、広く受け入れられている考えなのだ。

「一人称権威」という言葉はしかつめらしくて何のことやらよくわからない響きを持っているが、日常的な実感に照らすと、とても単純で当たり前の話をしていることがわかる。誰かが「甘いもの食べたいなあ」と言い出したら、私たちは「そうは言うけれど、本当にそんな欲求があるかどうか、ちゃんと確かめないと」などと考えたりはせず、即座に受け入れて「いいね、どこかに食べに行く？」などと話を続けるはずだ。「お腹が昨日から痛くて……」と言うひとに、「本当に痛いの？　本当は何も感じてなかったりしない？　くすぐったいのと勘違いしていない?」と疑うことも普通はない。自分自身の心のありようについては自分がいちばんよく知っているし、そのひとの心のありようについて他人が確かめるすべもないのだから。そうした言葉は独特な信頼性を帯びるのだ。

そんなわけで、難解なものが多い哲学用語のなかで、「一人称権威」はその響きの堅苦しさに反し、日常的な実感からも理解しやすいほうの言葉だろう。授業内で「そんなの本当に成り立つのですか?」といった質問を受けた覚えもいまのところない。

でも、自分自身の心のありようについての報告には他人には覆すことのできない信頼性が与えられるという原則は本当に広く受け入れられているのだろうか、と最近思うのだ。一人称権威なんて、本当に哲学者たちが考えているほど常に成り立っているのだろうか?

きっかけのひとつは、名古屋出入国管理局に収容されていたラスナヤケ・リヤナゲ・ウィシュマ・サンダマリさんの死亡事件をめぐる訴訟についての報道を見たことだった。二〇二三年九月二七日に名古屋地裁でおこなわれた口頭弁論では、入管の対応に問題はなかったとする医師の意見書が国側から提出された。それによると、「私、死ぬ」、「息、難しい」などのウィシュマさんの発言は「看守の注目を集めるため」であると主張されていた。直前の診察で異常がなかった以上、深刻な状態にはなかったはずだ、というのだ。

苦痛に関する報告は、一人称権威が成り立つと言われるものの典型だ。私が「歯が痛い」と嘘や冗談や演技でなく言っているとき、それを疑うひとは普通いないし、仮に歯医者に行って異常が見つからなかったとしても、「そもそも痛みなどないのでは？」と結論されることはない。「痛い」と言っている以上、痛みはあるに違いなく、何か別の原因によって痛みが生じているのだろうと普通は考える。苦痛を語る言葉は信頼性をもつのだ。

でも、ウィシュマさんの場合にはそうならなかった。診察で異常がなかったという理由で、ウィシュマさんが自分自身の苦痛について語った報告は退けられた。しかも、その理由となった診察は苦痛を訴えている時点でなされたものでさえなく、あくまで「直前」の診察だ。ウィシュマさんは、苦痛という他人からは確かめようがないはずの心のありようについて、他人から断定され、本人の主張は否定された。これはいったいどういうことなのだろう？　一人称権威は哲学的にも日常的にも当たり前の前提ではなかったのだろうか？

思い返せば、自分の心に関する自分自身の報告が疑われた経験は、私にもたくさんあった。例えば子どものころ、性別移行をしておらず、「男の子」と見なされて暮らしていたとき、同級生の男の子を好きになったと相談した大人に、「子どもだから友情と恋愛の違いがまだわかっていないんだね」と言われたことがある。わかっているから、そしてそれが恋愛だったからこそ相談したのに、「私は〇〇くんが好き」という報告は退けられ、私は自分の感情について混乱している子どもなのだと決めつけられた。

苦痛の報告を信じてもらえなかったこともある。一時期ホルモン治療のために通っていた診療所で、体調不良を相談したときの出来事だ。当時は注射による治療を受けていたのだが、どういうわけかそこに通い出してから、注射をされたあと眩暈《めまい》と頭が回らない感覚、感情的になって急に泣きそうになる状態が毎回三日ほど続くようになってしまった。最初は原因がわからなかったのだが、繰り返すうちに、どうやら診療所に行くタイミングと体調悪化のタイミングが重なっていると気づき、医師に「こんなふうに体調を崩すのだけれど、薬の量や頻度が多すぎたり、体質に合っていなかったりするのではないか」と相談してみた。医師の返事は、「眩暈なんて起きるはずがない」というものだった。私に眩暈があるかどうか、私自身より医師のほうがわかっていると言わんばかりの態度だ。

きっと、こうしたことは、本当はいろいろな領域で起きているのだろう。痛みに関する女性の訴えがオーバーなもの、「ヒステリック」なものと認識され、実際に感じている痛みよりも大袈裟に話しているとして医療の現場で過小評価されてきたということは、近年よく指摘されている。[*1] アメリカでは「黒人は痛みに強い」といった偏見によって、黒人の苦痛の訴えが見過ごされてきたとも言われる。[*2] 性的マイノリティ、在日コリアン、アイヌ、障がい者など、さまざまなマイノリティ集団の人々が怒りや恐怖を訴えても「本当に怒ったり怖がったりしているのではなく、大袈裟に言って利益を得ようとしているだけ」などと言われるのは、ネット上ではもはやおなじみの光景だ。

そんなふうに考えていくと、一人称権威は決してあらゆる場面で等しく認められているわけではないように思えてくる。一人称権威が「当たり前」に認められるのは、きっと一部のひとだけなのだ。

「自分の心については自分がいちばんよく知っている」というのは、裏を返せば「心のなかについてはその当人にしか本当のところはわからない」ということでもある。だから、ひとたび一人称権威が否定されてしまったら、そのひとはもう自分の心についてその相手に伝えることはできなくなってしまう。自分の胸を開いて心を取り出して見せて、「ほら、ここに苦痛があるでしょ？」と言えたらいいのだが、そういうわけにもいかない。できるのはただ、苦しいと繰り返し真剣に訴えたり、それがどんな苦痛なのかを説明したり、といったことだけだ。けれど、本当に苦痛を覚えているかどうかは当人にしかわからないからこそ、どれだけ言葉を尽くしても、疑いの目を向けてくる相手には届かない。

それにしても、誰にでも認められるのが自然と思われる事柄が認められないひとがいるというのは、どういうことなのだろう？　なぜそんな無茶が現実には起こっているのだろう？　ひょっとすると、一人称権威はあくまで条件つきで認められるものだという点に注目すべきかもしれない。自分自身の心について「私はこれこれです」と一人称的に報告する場合、その報告は基本的に他人には覆すことのできない信頼性を得るのだが、冒頭でも触れたように、これには「ただし、その報告が嘘やごまかしであることが明らかでない場合に限る」という条件がついている。つまり、一人称権威は話し手の誠実性を条件として認められるものとなっているのだ。もしかすると、誰にでも認められそうな一人称権威を目の前の相手に認めないという「無茶」は、この誠実性という条件を利用して、とても問題のあるかたちで実現されているのかもしれない。

もちろん、嘘をついていることが明らかな場合に一人称権威が成り立たないということ自体に問題はない。問題は、先に一人称権威の否定があったうえで、そこから遡及的に「嘘つきに違いない」という理由づけがなされている場合である。嘘をついているから一人称権威が認められないのではなく、一人称権威が認められないから嘘をついていることにされる。そうしたことが起こっている場面があるのではないだろうか。ウィシュマさんの件も、もしかしたらそうかもしれない。国側の主張では、ウィシュマさんは本当は苦痛を感じていないのに「看守の注目を集めるため」に嘘をついて苦痛を訴えていた、とされている。だが、それに先立って、ウィシュマさんの苦痛の訴えを嘘だと断定する理由は何かあったのだろうか？　直前の診察？　けれど、診察のすぐ後に苦痛の訴えがあったとき、普通それは即座に嘘だと決めつけられるのではなく、むしろ体調が急変した可能性を示すものと見なされるのではないか。もちろん、実際に起きたことの詳細について私は知らないし、報道される内容をもとに想像で語るほかないのだが、もしかしたら事態は逆で、ウィシュマさんには一人称権威がはじめから認められておらず、そのことを正当化するためにあとづけ的に「嘘をついている」という理由が構成されたのではないだろうか。

一人称権威は、知識の問題というより、ひととひととの関係の問題なのかもしれない。自分の心について自分以上に知っているひとはいないからこそ、私たちは互いに「私はあなたの心についてはあなたの言い分を基本的に認めるので、あなたも私の心については私の言い分を基本的に認めてくださいね」と相手を信頼しあって暮らしているのではないだろうか。

もし一人称権威が「私も認めるからあなたも認めてください」という互いの承認の話なのであれば、「あなたも認めないでいいから私も認めない」ということだって起こりうる。とりわけ、相手から認められなくても生活に支障をきたさないような場合にはそうだ。このことが、ときに不均衡な関係を生み出す。私が「じゃあ、私もあなたの体調不良の報告なんて信じません」と言い出したところで、私を診ていた医者は気にも留めなかっただろう。だが一方で、私は医者に一人称権威を認めてもらえないと、症状を説明して適切な治療をしてもらうことができない。「互いに認めよう」ではなく、私は一方的にお願いする立場に置かれることになる。そして、自分が確かに苦しんでいると医者を納得させるような証拠を出すことなどできない以上、私はただ承認を乞うほかなかった。

一人称権威というのは結局何なのだろうか？　わかっているのは、それが事実としてすべてのひとにあらゆる場面で認められているわけではないということだ。多くの場合、私たちは一人称権威を仲間同士で認め合って暮らしている。でも、認め合わなくても支障がない相手を前にしたとき、一人称権威はしばしば退けられてしまう。

もちろん、悪意を持って一人称権威を否定しているわけではないかもしれない。相手が嘘をついているかもしれない、自分の利益を狙っているかもしれないと心の底から疑ったり怯えたりしている場合もあるだろう。それでも、私たちはきっと目の前の相手に一人称権威を認めるべく努力すべきなのだ。ひとたび一人称権威を否定されると、そのひとにはもはや、自分の心について伝える方法がなくなってしまうのだから。

相手の語る心のうちが、自分には理解しがたいこともあるかもしれない。相手の言う通りに認めてしまうと、自分の信じてきたことが揺さぶられるということもあるだろう。例えばこれまで異性愛を当たり前だと思ってきたひとにとっては、目の前の友人から同性への恋心を語られても、それを受け入れがたいと感じることがあるかもしれない。それでも、その相手と語り合う気があるならば、勇気をもって、そのひとの心についてはそのひとの語る通りに受け取るようにするしかない。

一人称権威が否定されるとき、そのひとはもはや、心を持った存在として相手とコミュニケーションを取ることができなくなってしまう。一人称権威について本当に考えるべきことは、「なぜ成り立つのか?」ではなく、「なぜ常に成り立つわけではないのか?」、そして「どうやって成り立たせていけばよいのか?」なのではないか。それは単なる哲学的に興味深い現象ではなく、この社会における生存に関わる切実な問題なのだ。

*1　例えば、Harper's BAZAAR の二〇二二年六月一九日の記事「女性の痛みは男性に比べて軽視される?「痛み」のジェンダーギャップ」(https://www.harpersbazaar.com/jp/lifestyle/social-issue/a40098693/gender-pain-gap-explained/) など。

*2　The Asahi Shimbun GLOBE+ の二〇二二年七月一〇日の記事「妊産婦の死亡率、黒人は白人の3倍　アメリカの医療に埋め込まれた差別を掘り起こす」(https://globe.asahi.com/article/14650266) など。

いま、ここから、私が投げかける言葉

小学生のころ、私は「私」という言葉の意味をよくわかっていなかった。一人称で書かれた小説ばかり収録された短編集を読んでいて、そこに出てくる「私」が作者そのひとを指しているわけではないということが理解できなかったときのことをよく覚えている。母に「このひとは、変わった体験をいっぱいしているね」と言うと、母は「本人が体験したとは限らないよ」と笑っていたけれど、私は途方に暮れてきょとんとしていた。だって、「私」って書いてあるじゃない？　だから作者の話なんでしょう？　作者の話なら、実際に体験したことじゃないの？　私にわかっていなかったことのひとつは、一人称の小説は日記とは違ってフィクションであるということ、もうひとつは小説内の「私」は作者を指すとは限らないということだった。

そんなことを思い出したのは、*The Unbelievable Gwenpool* というマーベルのコミックを読んだのがきっかけだ。*The Unbelievable Gwenpool* は、マスクをかぶり「グウェンプール」を名乗って大暴れする女の子を主人公としたシリーズで、二〇一六年から二〇一八年にかけて展開された。

グウェンプール、本名グウェンドリン（グウェン）・プールは、もともと私たちの住むこの現実世界（か、それに酷似した世界）で暮らしていた。高校中退後、仕事に就くこともできず、マーベルコミックの世界にのめり込んでいたグウェンは、どういうわけか突然そのマーベルコミックの世界に放り込まれてしまう。現実世界出身のグウェンは、自分がコミックの世界にいること、その外側に読者がいること、自分の出会う人々が単なるコミックのキャラクターに過ぎないことを認識している。それだけでなく、ヒーローやヴィラン（悪役）に出会っても、そのキャラクターが過去にどういったことをしてきたか、その正体は何者か、現実世界の映画では誰が演じているかなど、ファンが知っていそうなことはおおむね知っていて、グウェンはその知識を駆使してマーベルコミックの世界を生き抜いていく。

The Unbelievable Gwenpool は、そんなグウェンが他者を尊重することを学び、そしてヒーローとしての自分を見出していく物語だ。周りの者たちをコミックキャラクターとしてしか認識していないグウェンは、最初のうちは自分の楽しみのために平気で他人を攻撃し、命を奪う。けれどもさまざまなヒーローやヴィランとの出会いと衝突を経て、次第に

コミックキャラクターに過ぎない人々を、生身の人間に接するときと同じように尊重するようになっていく。

その一方で、グウェンは実存的不安にも直面することになる。グウェンは、人気が低迷したコミックは打ち切られることを理解している。そして、自分の物語がこのままでは長期シリーズとはならず、完結が迫っていることも知ってしまうのだ。コミックの残りページ数が刻一刻と減っていくなかで、グウェンは自分の終わりのときが近づくのを強烈に意識し、苦悩する。

物語の終盤、グウェンは未来の自分と出会うことになる。いまの自分とそれほど年齢は変わらないけれど、少しだけ髪が伸び、そしてどこか前向きで、余裕のある自分だ。未来のグウェンは現在のグウェンに「……終わりじゃないよ。きみはこれからも生きていくし、私も生きていくんだから」と語り掛ける（邦訳版が品切れで手に入らなかったので、自分で訳しています）。

違うよ。ほら、まだ外からの目線で考えてる。いまこの瞬間、この場所のことだよ？これは二〇一八年二月の、*Gwenpool #25* が出版されたときだけの出来事じゃない。二〇一九年の六月に単行本になるときにも起きていることだし、二〇二五年の九月に誰かがこの本を図書館で見つけたときにも起きていることなんだ。そして、そのあとも、そのあとも、そのあともずっと。ちょうどいまだって、このコミックの制作にかかわったひとたちがみんな亡くなって、それから何年も経ったこの瞬間に、誰かがこの本を読んでる。

だから私たちは生き続けるのだ、と未来のグウェンは言う。何年経とうが、誰かがこの本を読んでいるとき、そのたびごとにこの瞬間、この場所はまた現れるのだから、と。

さて、グウェンの不安、葛藤、それらを乗り越えようとする姿に心を揺さぶられつつも、言語哲学者として気になるのは、こうしたやり取りのなかで出てくる「いま」とか「この場所」といった言葉だ。いったいこういった言葉はどのように理解することができるだろう？　そんなことを考えていて、一人称小説を作者の実体験として読んでしまっていた、自分の子ども時代のことを思い出したのだった。

「指標詞」という哲学用語がある。文脈によって指している事柄が切り替わる表現のことだ。ただしこの場合の「文脈」というのは、「同じ『大きい』でも大きい惑星の話をしているときと大きい蟻の話をしているときではぜんぜん違うよね」というような、「何が話題になっているか」という話ではない。誰が話し手で、誰が聞き手で、問題の発話がどこで、いつなされたかといった、いわば発話の時空間的な位置づけのことを指している。「私」、「あなた」、「いま」、「ここ」といった表現は、指標詞の典型例だ。例を挙げたほうがわかりやすいかもしれない。もし二〇二三年一一月九日に私（三木那由他）が大学の研究室で「いま私はここで紅茶を飲んでいます」と言ったなら、この場合の「いま」は二〇二三年一一月九日、「私」は三木那由他、「ここ」は大学の研究室を指すことになる。それゆえ、「いま私はここで紅茶を飲んでいます」は「二〇二三年一一月九日に三木那由他は大学の研究室で紅茶を飲んでいます」と同じ状況を表している。でも二〇二四年三月二三日に誰か別のひと（仮に「タジマさん」としよう）がドトールコーヒーショップ大阪梅田一番街店で「いま私はここで紅茶を飲んでいます」と言ったなら、それは「二〇二四年三月二三日にタジマさんはドトールコーヒーショップ大阪梅田一番街店で紅茶を飲んでいます」と言った場合と同じ状況を表していることになる。こんなふうに、指標詞はいつ、どこで、誰が、誰に向けて発話をおこなったかに応じて、指す対象が変化する。

指標詞はこのように文脈ごとに指す対象が変わる言葉なのだが、実は指標詞に関する哲学的議論においてとりわけ大きく取り上げられてきたのは、指標詞の指す対象の変わらなさだ。どういうことかというと、「私」や「いま」のような指標詞は、架空の状況や現実とは異なる可能性について語っている場合にも、現実の話し手や発話時点を指し続けるのである。例えば「現在の日本の総理大臣が大阪出身者であった可能性だってあるはずだ」と言った場合には、「日本の総理大臣」が現在（二〇二三年一一月）その職についている岸田文雄とは別の誰かを指している状況が考えられているはずだ。でも私が「私が大阪出身者であった可能性だってあるはずだ」と言った場合には、「私」が三木那由他を指していることは固定されたうえで、その三木那由他が大阪出身だった可能性の話がなされている。つまり、架空の状況を考えているときに「日本の総理大臣」が指す対象が変わるようには、「私」が指す対象は変わらないのだ。文脈によって指している対象が変わるのに、ひとたび対象が決まれば架空の状況を思い描いている場合にもそれを指し続ける。これは指標詞の重要な特徴とされる。

指標詞に関する研究のなかで最重要のものをひとつ挙げるなら、分析哲学者の多くはデイヴィッド・カプラン（David Kaplan）の論文「指示詞」（"Demonstratives"）を選ぶだろう。カプランが一九八九年に発表したこの論文は、まさに指標詞のこの「変わるけど変わらない」という特徴をうまくフォーマルに扱うための手法を提示したものだった。大雑把にまとめれば、カプランは発話の位置づけに関わる「文脈」と、どのような状況に照らして発話を解釈するかという「値踏みの状況」とを区別し、発話が何を表しているかは文脈と値踏みの状況の双方がセットになって初めて決定される、と論じた。多くの表現は文脈とは無関係に値踏みの状況に照らして何を表しているかが決められる。「日本の総理大臣」が現実の状況に照らすと岸田文雄を指し、架空の状況では別のひとを指すように。けれど「私」のような指標詞は値踏みの状況からの影響は受けず、ただ文脈によって表す対象が決められる。カプランはこうした道具立てを数学的に定義し、指標詞を含む文を論理的に扱う枠組みを構築した。

こうした発想は、どちらかというと幼少期の私に近いものに思える。私は短編集に含まれる一人称小説の「私」をすべてその文章を書いた作者自身のことだと考えていたわけで、これは「発話を誰が、誰に向けて、いつ、どこでおこなったかが決まれば指標詞の指す対象が固定される」というルールに愚直に従った解釈だと言えるだろう。この文章をすべて作者が書いたことはわかっているのだから、この本に出てくる「私」はこの文章の書き手たる作者のことを指す言葉として固定されているのだろう、というふうに。

これに対し、グウェンプールの場合はどうだろう？　未来のグウェンが「いま」と言ったとき、それは二〇一八年の二月であり、二〇一九年の六月であり、二〇二五年の九月であり、そしてもっともっと先のいつかでもあるという。誰かが *The Unbelievable Gwenpool* を開くたびに、「いま」は新しい時間を獲得して、その都度、グウェンはその新しい時間を生き直す。カプランの考えるような、文脈が与えられたら固定されるというのとは、ずいぶんと違う「いま」だ。グウェンはいったいどんな風変わりな「いま」の使い方をしているのだろう？

……と考えてしまいたくなるあたり、私は哲学に染まりすぎているのかもしれない。よくよく考えてみると、グウェンの「いま」の使い方はそこまで風変わりなものではない。例えば私が世界中のひとに呼びかけようと「この環境問題を解決するために、いまこそあなたが立ち上がるときなのです！」という一文の入った文書を二〇二三年一一月九日にばらまいたとして、私は別にその文書を読んだ人々がまさにその二〇二三年一一月九日に立ち上がるなどということを求めているわけではない。私の文書を手に入れた人々がその文書を読んだときに、それぞれ立ち上がってほしいと言っているのだ。あるひとにとってそれは二〇二三年かもしれないし、あるひとにとっては二〇二六年かもしれないし、別のひとにとっては二一二二年かもしれない。*The Unbelievable Gwenpool* を新しく開くひとがいるたびにグウェンがそこにいるように、私の文書を手にするひとが現れるたびに私はそのときのそのひとに呼びかけているのだ。

もちろん私たちは「いま」を、まずそれがいつの時点のことなのかを決めて、その時点で成り立っている事柄に関する正しい情報を伝達する、というかたちで使うこともできる。でも、きっとそれだけではないのだ。私たちはただ状況を把握してそれを正しく記述するためだけでなく、誰かに呼びかけ、その誰かといわば「出会う」ために言葉を使うことができる。先ほどの例で私が「いまこそあなたが立ち上がるときなのです！」と呼びかけているとき、私は「いま」や「あなた」をあらかじめ決めてしまわず、それを文書の受け取り手に委ねることで、そのひとと私が時間を超えて、場所を超えて「出会う」余地を作っているのだろう。おそらくグウェンもまた、あらかじめ「いま」を決めたりせずに、読者に委ねることで、誰かが *The Unbelievable Gwenpool* を開くたびにそのひとと自分が「出会う」ことができるようにしている。そうすることで、グウェンは時間を超えて、場所を超えて、何度でもそのとき、そこに生きることができるのだ。

そんなふうに指標詞の指しているものを決めずに相手に委ねたならば、代わりに「正しさ」は保証されなくなってしまう。ひょっとしたら、何十年も経ってから誰かが私の文書を読んだときには、私が危惧していたような環境問題はすっかり解決していて、その誰かが「立ち上がるとき」ではもはやなくなっているかもしれない。そうなると、私が伝えた内容は間違っていることになってしまう。正しくないことを言ってしまうかもしれないというのは、不安なことだ。それでも、言葉を通じて、本当に誰かと「出会う」ためには、私たちはその不安を乗り越えて言葉を投げかけなければならないのだろう。グウェンにとっては、そんなふうにして言葉を投げかけることが、生きることとそのものと繋がっている。そのことが、グウェンの物語を読む私の心を強く揺さぶるのかもしれない。言葉には時代も場所も違う誰かと「出会う」ための力がある。そして、グウェンはその力によって生き続けるのだ。

ところで、グウェンプールの物語は実は *The Unbelievable Gwenpool* では終わらなかった。その後もいくつかの作品に登場しさまざまなトラブルを起こしているのだが、二〇二三年には大きな転機を迎えることになる。*Love Unlimited: Gwenpool* という作品のなかでグウェンプールは自身のセクシュアリティを探求し、アロマンティックでアセクシュアルであるというアイデンティティを発見するのだ。つまり、自分は誰かに恋愛的な魅力や性的な魅力を感じることがないという恋愛的指向、性的指向の持ち主なのだと気づくのである。もともと自分がマーベルコミックの世界にいると認識しているキャラだ。自分がアロマンティック／アセクシュアルであるとわかると、同年の *Marvel's Voices: Pride* というLGBTQ+の人々を祝福する短編集では、「マーベル世界のACEアイコンになることに決めました！」と宣言し、プライドパーティを作中で開催している（「ACE」はアセクシュアルの略称）。そのすべてを、グウェンプールは読者の存在を意識し、読者に呼びかけながらおこなっている。

きっとグウェンプールはACEアイコンとしてもずっと生き続けるだろう。グウェンプールは時代も場所も超えてさまざまな読者と「出会う」ために、たくさんの言葉を投げかけてくれているのだから。

会話の事故

「会話の事故」について、このところよく考えている。会話の流れが断ち切られて気まずい沈黙が訪れ、そしてそのあと誰が何を話したらいいのかわからず、会話の参加者たちがまごまごと戸惑う、そんな「事故」について。

「会話の事故」という言葉は、友人であり一緒に共訳書を出したりした仲間でもある朱《ちゅ》喜哲《ひちょる》さんの『〈公正〉《フェアネス》を乗りこなす　正義の反対は別の正義か』（太郎次郎社エディタス）から借用したものだ。そこで朱さんは、こんなふうに書いている。

会話を打ち切り、それ以降はもうことばを交わすことができないようなこと——「二の句が継げなくなる」という日本語が当てはまるようなとき——を起こすことが「事故」なのです。（二一頁）

『〈公正《フェアネス》〉を乗りこなす』は、「公正」や「正義」といった、事故を起こしやすい言葉を取り上げ、事故を避けてそれらの言葉を巧みに「乗りこなす」ためのポイントを、さまざまな哲学者のお手本をもとに考えていく本だ。プラグマティズムの哲学者リチャード・ローティ（Richard Rorty）によれば、会話には「会話を止めてはならない」という大原則がある。朱さんはこのローティのアイデアを基礎に据えて、会話の事故がこの大原則に抵触する事態であり、だからこそ私たちはそれを避けるコツを知る必要があるのだと論じる。

朱さんのこのアイデアに触発されつつ、私が気になっているのは、これとは少しばかり違うタイプの事故のことだ。

朱さんが語る会話の事故は、「たとえば暴力的な言動によって黙らせられたり、一方的に「論破」を通達されて会話が打ち切られたりするとき」（二〇頁）に起きるとされる。それは、会話が完全に止まってコミュニケーションが断絶され、おそらくはもう再開されないような事態のことで、いわば交通が崩壊するような会話の大事故である。それに対し私が考えているのは、そうした大事故の手前で起こり、放っておくと大事故が起こると予感させる小さな事故のことだ。

例えば、何気ない会話のなかで、相手が「女性ならではの観点からの仕事を期待しています」などと言ってくるとき。その言い方に引っかかるものを感じても、スムーズに会話を続けたいなら「ご期待に沿えるよう頑張ります」とでも言っておいたほうがいいのだろう。場合によっては実際にそんなふうにしてやり過ごすこともあるかもしれない。でも、そうはいかないこともある。勇気を出して「男性には男性ならではの観点ではなく、ただそのひと個人の観点を期待するのに、なぜ私には女性ならではの観点を求めるのですか?」と言い返す場合もあるだろう。

そうして、小さな事故が起こる。スムーズに行っていた会話がいきなり気まずいものになる。相手は何を言うだろう? もしかしたら、「いや、ええと、そんなつもりはなかったんです」ともごもご呟くかもしれない。「そうは言ってもやはり男と女は違いますから、我々には『女性ならでは』の観点が必要なんですよ」と開き直るかもしれない。

いずれにせよ、その小さな事故の場面では大事故の場合のように会話がすっかり終わってしまうわけではないけれど、もはやスムーズな通行はできなくなっている。普段の会話は相手の発言に反射的に応じるように、さしたる意識もなく進められているかもしれないが、小さな事故が起こったときには、「次に何を言うのがいいか」を意識せざるを得ないだろう。

小さな事故のあとの選択次第で、会話は大事故を起こす。例に挙げた会話の場面で相手が開き直った場合には、二の句が継げなくなってしまい、ただ会話を打ち切り、立ち去るしかなくなるかもしれない。だって、そこでそんなふうに気まずくなった相手とこれ以上何を話せばいいのだろう？　小さな事故は会話を気まずくはするけれど終わらせはしない。けれどその次の一歩次第で大事故が起こり、会話は終わってしまう。

私にもこんなことがあった。大勢のひとが集まる場所で、私がその場でのやり取りのいわば取りまとめ役になっているさなかに、参加者のひとりが「子どものころからLGBTの話に触れてしまうと、子どもの発達に影響して正常なセクシュアリティを形成できないといった話がありますよね」と言い出したのだ。「いまは女児向けアニメが好きだというだけで、男の子なのに性自認が女の子だと決めつけられて、無理やりトランスジェンダーにされるというのも、問題になっていますよね」という発言もあった。

これは、性的マイノリティに対する差別的な言説としてお馴染みのものだ。小さいころから性的マイノリティに関する話題に触れると同性愛者やトランスジェンダーになってしまうだとか、リベラルな親がそうした「洗脳」を積極的に推し進めているだとか、そういった発想によるものだろう。

ともあれ、自然な流れのなかで突然こうした発言が出てきたことで、私は選択を迫られることになった。これを受け流し、スムーズに会話を続けるか、それとも気まずくなるのを承知のうえでその発言の問題を指摘するか、だ。

私は後者を選んだ。「現状ではむしろ子どもたちに対して異性愛者でシスジェンダーであると決めつけるような情報が氾濫しているけれど、それでもなお異性愛者でなかったりシスジェンダーでなかったりというひとはいるわけで、異性愛者でないひとを異性愛者にすることはできないのに、同性愛者でないひとを同性愛者にすることはできると考える理由は私の知る限りありません」、「子どもをトランスジェンダーだと決めつける親というのは私は聞いたことがなく、むしろ実際には子どもが自分はトランスジェンダーであるとどれだけ語ってもそれを認めず、頑としてシスジェンダー扱いを続ける親が多く、そうした扱いがトランスジェンダーの子どもたちにもたらす影響こそが問題であるはずなんです」、などなど。

その場で、私は基本的には参加者たちの意見を否定せずにやってきていた。でも、ここにきて私は明白に参加者の意見に反対した。そうしないと、その場の会話の流れのなかでそうした発言が許容されるものと見なされかねず、そうするとその場にもきっといた性的マイノリティの参加者にとって安心できる会話をすることができなくなってしまうだろう、と思ったからだ。会話の流れをいちど止めなければならなかった。だから、私はあえて流れに逆らい、気まずくなるのを承知で、小さな事故を起こしたのだった。

ローティや朱さんが言うように、会話が完全に途絶えるような大事故は、きっと「いかにそれを避けるか？」を考えていくべきものなのだろう。でも、いま挙げたような小さな事故はどうだろう？　小さな事故も、下手をすれば大事故に発展するものには違いないのだから、ひょっとしたら避けられるべきものだということになるのかもしれない。でもそうなのだろうか？　むしろ、場合によっては小さな事故は避けがたいのではないか？　そして小さな事故にこそ、新しい会話を始めるための力があるのではないか？　私はそう考えてみたいのだ。

「女性ならではの観点」という語り口に含まれる偏りを指摘されたひとは、それでもひょっとしたらその会話の相手と今後も交流を続けたいと思っているかもしれない。けれど、ふたりの会話は小さな事故によってもはや気まずくぎこちないものになってしまった。どうしたら会話を再び始めることができるのだろう？　おそらく、ただ言い訳をしただけでは、気まずさは大して減らない。

そのひとが、自分の発言の背後にある偏った考えを意識し、それと向き合おうとした場合はどうか？　そして、「意識を改めていこうと思う。でももしかしたら自分でも気づかないまままたこのような発言をするかもしれないので、そのときには指摘してもらえると嬉しい」などと言ったら？　それでもしばらくのあいだ会話は気まずいままかもしれないが、場合によってはそうした方針のもとでやり取りを続けることで、少しずつ新しい会話を始めていくことができるかもしれない。私の周囲にも、実際にジェンダーに関する偏りを指摘されたあと、このような態度を表明することで、指摘してきた相手との親しい交流を続けたひとがいた。

もちろん、会話を再開する方法が一方的な妥協しかないというわけではない。小さな事故が起きたあと、一方だけが会話の仕方を変えるのでなく、双方が変わっていくことで会話が再開されることもあるだろう。ともあれ重要なのは、そんなふうに小さな事故を乗り越えて会話が再開されるとき、そのひとたちは以前とは違う関係を築いているということではないかと思う。以前の会話の流れでは小さな事故が起きることがわかった。だから会話を再開するには以前とは違う会話を始め、以前とは違う関係を作っていかなければならない。

あえて小さな事故を起こすという場面はほかにもいろいろある。例えばカミングアウトだ。この世の中でなされる会話には基本的にはヘテロセクシュアル的な方向づけが与えられている。例えば、ごく当たり前の会話のなかで娘に「彼氏できた?」と訊く親は、「彼女できた?」と訊く親よりはるかに多いはずだ。この社会の多くの場所では、娘に対する「彼氏できた?」は自然な会話の流れに組み込まれているけれど、「彼女できた?」はそうではない。だから、「彼氏できた?」との問いに対し、この娘が自分はレズビアンであると親に告げ、そして「彼女ができた」と言うときには、どうしたって自然な流れに逆らうことになり、小さな事故が起きてしまう。親はきっとそんな返答の可能性を考えていなかったはずだ。だから不意に告げられた言葉にまごつき、沈黙してしまうだろう。

でも、同性愛者が同性愛者であることを隠さず、ありのままで相手と交流し、関係を維持するには、しばしばどこかでこうした小さな事故が必要となるのではないだろうか。スムーズで居心地のいい会話を続けるには、「いやあ、いまは彼氏とかよりサークル活動を優先したいかな」などと適当に誤魔化すことになるだろうが、その会話の流れを続ける限り、そのひとはいつまで経っても異性愛者のふりをし続けるしかない。それをやめて、何の「ふり」でもない自分自身で相手と会話を始めるには、スムーズな会話を止めないとならない。

小さな事故をあえて起こすときには、どうしても大事故がその後に起こる可能性を意識せざるを得ない。相手の発言に含まれる偏見や誤情報を指摘するときには、相手が頑として譲らず、結果的にその相手と会話を打ち切らざるを得なくなるという可能性を想像せずにはいられないだろう。だから、そうした指摘には勇気がいるのだ。カミングアウトも、相手がどうしてもそれを受け入れなかった場合には交流が断絶するかもしれないという覚悟とともになされることが少なくない。それでも、小さな事故をあえて起こすしかないときがある。これまで通りの会話の流れを続けると、自分やほかの誰かがどうしようもなく蔑ろにされたり、自分が自分でいられなくなったりするといった場合だ。そんなとき、私たちは勇気をもってあえて小さな事故を起こし、それによって相手と新しい会話を始めるというもうひとつの可能性に懸けるのだ。

朱さんやローティが語る「会話を止めてはならない」というルールも、もしかしたらこうした小さな事故との関係で理解すべきなのかもしれない。スムーズな会話を小さな事故で一時的に止めるのは構わないし、ときには必要でさえある。問われているのは、そうした小さな事故を誰かが起こさざるを得なくなったときに、それ以外の人々がそのひととそれでもなお再び会話をしていけるか、そのために新しい会話の流れを作りだしていけるか、ということなのだろう。

そしてそのためには、たぶん私たちは何度も何度も変わり続けなければならないのだと思う。小さな事故をあえて起こされたということは、それまでと同じやり方ではもうそのひとと会話を続けることはできないということだ。だからその相手と会話を継続したければ、私が変わらなければならない。新しい会話を始められる私にならなければならない。

こうしたことを考えるとき、私は哲学者スタンリー・カヴェル（Stanley Cavell）の『道徳的完成主義　エマソン・クリプキ・ロールズ』（中川雄一訳、春秋社、二〇一九年

Conditions Handsome and Unhandsome: The Constitution of Emersonian Perfectionism, The University of Chicago Press, 1990）という本のことをいつも思い出す。そのなかでカヴェルは、「再婚コメディ」と自ら名づけた映画ジャンルについて語っている。再婚コメディというのは、同じ著者の『幸福の追求　ハリウッドの再婚喜劇』（石原陽一郎訳、法政大学出版局、二〇二二年 *Pursuits of Happiness: The Hollywood Comedy of Remarriage*, Harvard University Press, 1981）で詳しく論じられたもので、ざっくりと言うと、若い男女が困難を乗り越えて結婚するに至るまでの顚末を描く従来の恋愛コメディと違って、もう少し年上の男女が破局の危機を乗り越えて再び絆を繋ぐまでのドタバタを描くコメディのことだ。カヴェルによれば、『或る夜の出来事』や『赤ちゃん教育』、『アダム氏とマダム』といった映画がこのジャンルの典型になる。

再婚コメディに関連して、『道徳的完成主義』にはこんな一節がある。

再婚コメディにおける主役の男女にとって、離婚する明白な動機はなにもない。結婚の会話が不幸なものになったわけではない、会話は中断した、たぶん脇道に逸れた、たぶん彼らは〔会話の再開を〕待っている。それはかならずしも男性が女性になにか特定のことをしたからではない、あるいは女性がなにか新しいことを受け入れねばならないからでもない。『アダム氏とマダム』において会話の遮断が描かれるのは、好意的な平手打ち《スラップ》と悪意のある殴打《スラッグ》との違いに女性が気づく場面である。彼女は殴打に腹を立てる、まるで男の本性そのものに潜む悪行の汚点に憤るかのように。会話が再開されるのは、男性が新たな自分の姿を（たぶん涙顔を彼女に見せたり、屈辱に耐えたりするのを厭わず、彼女を謙虚に受け入れて正当に評価しつつ）彼女に見せるときである。（中川雄一訳、二五九頁）

男女の結婚の話になっているが、ここで語られていることはもっと広くいろいろな会話に当てはまることだ。小さな事故を起こさざるを得ないことがある。でも、その会話が完全に断絶するような大事故を、自分も相手も望んではいない。だから、小さな事故を起こされたあとで会話を再開するには、新たな自分になっていかなければならない。その相手との会話を諦めずに続けていきたいならば。

カヴェルは「あたかも本当の結婚はすべて再婚であるかのよう」だとも言っている（二三六頁）。会話もきっとそうなのだろう。結婚生活のなかで離婚の危機が訪れるように、会話には小さな事故という危機が何度も訪れる。でもそれは会話が断絶する大事故のような終わりではなく、「再婚」の可能性が残されているものなのだ。

だから私は会話における小さな事故に希望を見出す。自分が起こす場合でも、起こされる場合でも。そうした事故を通じてやり直すことこそが、きっと本当の会話なのだから。

哲学者に語れること

　哲学者には何が語れるのだろうか？　哲学者には何が語れないのだろうか？　そんなことを最近考えている。

「どんなことだって哲学のテーマになる」、「哲学者は思考を働かせてどのようなことについても語れる」といったことは、あちこちで耳にする。けれど、私は哲学者のそうした自己像に複雑な気持ちを抱いている。私も大学三年生で哲学研究室に所属して以来、もう二〇年近く哲学を学び、論文や本を書いてきた身だ。そのなかで「哲学なんて役に立たないことをどうしてやるの？」と訊かれる機会だって何度もあったし、だから哲学者としての私は「いや、哲学は素晴らしいもので、いろんなテーマについて思考する手掛かりを与えてくれるのだ」と言い返したいと思う面もある。その一方で、ほかの哲学者から無邪気にジェンダーやセクシュアリティにまつわるあれこれについて、とりわけジェンダーアイデンティティ（性自認、性同一性）やトランスジェンダーについて不躾な質問やコメントをされ、うんざりした経験もある。

自分自身が哲学者であるとともに、望んだわけでもないのに哲学の題材にもされてきた。そうした気持ちがあるからだろう。そもそも哲学的思考とは何をするもので、それはどういった範囲に適用できて、そして何をしたらその領分を逸脱することになるのか、と考えてしまうのだ。

もちろん、哲学の方法論はひと通りでなく、多様だ。あるひとは現象学を用いるし、あるひとは脱構築を用いるし、最近では統計調査を用いて経験的に哲学の研究をする「実験哲学」という分野もある。そういった方法のほとんどを、私は身に付けていない。だから私に検討できるのは自分自身が身に付けている「概念分析」と呼ばれる手法だけだ。

概念分析と称される手法も、哲学者によって微妙に定義や実践の仕方が異なっていると思われるが、私が普段使っているのはイギリスの哲学者ポール・グライス（Paul Grice）がまとめたものに当たる。グライスは一九五八年に書かれた「戦後オックスフォード哲学」（“Postwar Oxford Philosophy”）という論文のなかで、概念分析のやり方をまとめている。この論文は、当時はどこからも刊行されず、約三〇年後の一九八九年になってようやく論文集 *Studies in the Way of Words* (Harvard University Press) に収録された。ただし、その翻訳版の『論理と会話』では省略されてしまっている。ともあれ、グライスはこんなことを言っている。

与えられた表現Eの概念分析を探すというのは、個々の事例においてEを適用したり、Eを差し控えたりということができる立場にありつつ、Eを差し控えることなく適用するであろうタイプの事例がいかなるものかという、普遍的な特徴づけを探すことである。（著者訳、*Studies in the Way of Words*, p. 174）

哲学者らしいというべきかグライスらしいというべきか、とてもわかりにくい一節だが、言われていることは単純だ。例えば私が愛の概念について分析したいと思い立ったとする。そのときに私がすべきなのは、愛の概念（あるいは「愛する」という言葉）をどういった事例で用い、どういった事例で用いないかを探っていって、「要するにこの条件を満たす状況で愛の概念は用いられる」という結論を出すことである、という具合だ。

「普遍的な特徴づけ」というのは、私たち分析哲学者にとってはたいていの場合「必要十分条件」を指す。高校数学でもおなじみの「pが正しいときには必ずqが正しいと言えるならばpはqの十分条件である」云々の、あれだ。ややこしい話を脇に置くと、要は「愛する」が適用される事例と適用されない事例をしっかり分ける明確な線引きを見つけたい、ということである。

この線引きを見つけるためのステップもだいたい決まっている。まずいくつかのわかりやすい例を挙げて、「この場合には『愛する』とは言わないね」、「この場合には『愛する』と言うよね」と確認していき、とりあえずの暫定的な線引きを与える。例えば、白菜の煮物が大好きで毎日でも白菜の煮物を食卓に並べたいと思っていても「私は白菜の煮物を愛する」とは言わないけれど、ある友人のことが大好きで毎日でもその友人と会いたいと思っていたとしたら「私はその友人を愛する」と言うのではないか、とある哲学者が考えたとする。すると、ここから、「つまり『愛する』は人間が他の人間に対し、毎日でも会いたいような好意を持つ場合に成り立つ」などといった結論を出すことができるだろう。

もちろん、この分析は不十分だ。その哲学者だってそんなことはわかっているはずだ。だからそこから、いろいろな事例をさらに検討して、分析を研ぎ澄ませていくことを目指す。例えば相手が人間以外の動物や植物であっても、あるいは場合によっては生命のない対象であっても「愛する」は成り立ち得るのではないか、毎日でも会いたいような好意を持っていたりしてもそれが「愛する」ではなく「親しみを感じている」である場合もあるのではないか、といったことを考え、少しずつ条件を調整し、「愛する」と言える場合と言えない場合の線引きに接近していくのである。

この概念分析という手法においては、「思考実験」と呼ばれる方法が併用されることもある。現実にはあり得ないような状況を考えてみて、そのときに私たちはそれをどう語るか、ということを考察するのだ。「仮に人間が誰か／何かに好意を持ったとしても、即座に悪魔が介入してその人間に自分自身の抱いている好意を認識させなくする状況で、私たちは『愛する』を適用するだろうか？」などと検討するわけだ。こう言うと机上の空論というか、何をしているのかよくわからないかもしれないが、私の理解では思考実験もまったくの空想遊びというわけではない。私たちの使う概念は現実の状況だけでなく、フィクションの記述や純粋な空想においても、その理解に用いられているものなのだから、非現実的な状況もまた概念の適用条件を明確化するには必要なのだ、と私は考えている。

ともあれ、こうしたことを続けていって、「私たちが『愛する』を適用する条件は○○だ」とまとめることができたら、それが愛の概念分析になる。ロマンティックでもなければ深みも感じられない方法かもしれないが、私が分析哲学という分野に惹かれた理由のひとつは、このあっけらかんとしたわかりやすさだった。

私の見る限り、多くの分析哲学者はこのグライスがまとめたような手法に近いやり方を採用して議論をおこなっている。知識について論じるときには「知っている」の適用条件を探り、因果について論じるときには「引き起こす」の適用条件を探り、真理について論じるときには「真である」の適用条件を探る、などなど。もちろん、哲学者がみなこうした手法を採用しているわけではないし、哲学者しかこうした手法を採用していないわけでもないだろう。ただ、私が普段著作を読んだり話を聞いたりする哲学者は、このやり方を使っているひとが多いと感じる。

概念分析という手法自体は、およそ何にでも使えそうに思える。ジェンダーについて分析したい？　それならば「女性である」のような言葉の適用条件を探ればいい。セクシュアリティについて分析したい？　それなら「同性愛者である」のような言葉の適用条件を見つけよう。概念とその適用がある限り、原理的にはどんなことにだってこの手法は使えて、それは要するにおよそひとが考え得ることは基本的に概念分析の対象となり得るということだろう。

でも待ってほしい。本当にそうなのだろうか？　哲学者というのは、そんなにもなんでもかんでもトピックにして学術的な議論をできるすごい人々なのだろうか？　そんなはずはない。哲学者も哲学の論文を書いたり哲学の学会で発表をしたりする以外はごく普通の人間で、特にほかのひとに比べて際立って異なっているわけではない。私の普段の暮らしを振り返っても、スーパーで買い物をしたり、映画館に映画を見に行ったり、美容院で髪を切ってもらったり、友達とお茶をしたりと、本当に平凡に生きている。そんなありきたりの人間が、哲学的思考を発揮しさえすればおよそどんなことについても語れるようになる、なんてことがあるだろうか？

グライスによる概念分析の説明に立ち戻ってみよう。そのなかには、見落としてはいけない文言がある。「個々の事例においてEを適用したり、Eを差し控えたりということができる立場にありつつ」がそれだ。ここで言われているのは、愛の概念分析をするためには、まず愛という概念（「愛する」という言葉）を具体的な事例ごとに適用したり適用しなかったりということができなければならない、ということだ。そうでないと、そもそも概念分析をおこなうことはできない。

あれ？　と引っかかるひともいるだろう。やりたいのは、「愛する」という概念の適用条件を見出すことだった。それなのに、その前からすでに「愛する」の適用の基準を身に付けていなければならないというのは、変な話なのではないか？　それなら別に概念分析などおこなわなくても、適用条件をはじめから知っているはずなのでは？

グライスがそう言っているわけではないのだが、これにはいわゆる「探求のパラドックス」というものが関わっている。探求のパラドックスはプラトンの対話篇『メノン』に由来する。ざっくりと言えば、「探求を開始するには探求対象についてすでに知っていなければならないが、しかし探求対象についてすでに知っているならば探求は必要ないのではないか」というパラドックスだ。

仮に私が猫について何も知らず、けれど「どうやら猫という動物がいるらしい」という情報だけを持って猫の生態について探求し始めたとする。猫のことを知らないのだから、私は道で見かける猫と犬の区別もつかないまま、調査をし、「猫にはにゃあと鳴く種類とわんと吠える種類があるらしい」ととりあえず判断する。この判断をどうやって修正したらいいだろう？　私は猫とほかの動物の区別がついていないのだ。この調子でどれだけ調査を進めても、ただただ混乱が増していくだけだろう。こんな状況で猫について探求することなどできはしない。だから探求を始めるためには猫が何であるかをすでに知っていなければならないはずなのだが、でも猫が何であるかをすでに知っているなら、なぜわざわざその既知の事柄を調査する必要があるのだろう？

このパラドックスへはいろいろな応じ方があるが、グライスによる概念分析の説明にもひとつの答えが見出せる。概念分析を始めるためには、そもそもどの事例がその概念の適用事例でどの事例がそうでないかを見分けられなければならない。これは概念や言葉の使い方、つまりノウハウの話である。これに対し、概念が適用される事例と適用されない事例の線引きを与えるというのは、そのノウハウの言語化に当たる。自転車に乗れるひとが、自転車が倒れず進むための物理的条件を言語化できるとは限らないように、ノウハウを身に付けているひとがその言語化の仕方を知っているとは限らない。概念分析という探求を始めるにあたって必要な「すでに知っている」べきこととは、概念を用いるノウハウであって、それはノウハウの言語化とはまったく別物なのだから、そこにパラドックスなどない。きっとグライスはそう言うだろう。

ともかくも大事なのは、「概念や言葉を用いるノウハウを身に付けていなければ、概念分析はおこなえない」というところだ。この場合には「愛する」と言い、この場合には言わないというノウハウを持っていないひとには、「愛する」が適用される事例と適用されない事例をリストアップしていって分析をおこなうということは、少なくとも自力ではできない。やるとしたら、誰かほかにそのノウハウを身に付けているひとを探してきて、事例のリストアップを頼まなければならないだろう。

これが、私が哲学者の議論を読みながらときに感じるもやもやの理由なのだと思う。「引き起こす」や「知っている」について哲学的に分析するというのはわかる。私たちは普段からそうした言葉を当たり前に使っていて、きっとその分析をするひともそうなのだろう。すでにノウハウがあるのだから、それを用いて事例をリストアップし、適用条件を探るというのは確かにできそうだ。

でも、例えば「私のジェンダーアイデンティティは○○だ」はどうだろうか？　こうした言葉は、トランスジェンダーのコミュニティや心理学、医学における議論などいくつかの場所で使われていて、それぞれのあいだでちょっとした違いはあるかもしれないが、ひとまずは定着した用法を備えている。私は自分がトランスジェンダーだから、ほかのトランスジェンダーの人々と話すときにも当たり前にこの言葉を使っているし、この言葉を使ったコミュニケーションに支障をきたすことはない。もちろんひとによって指していることが違うと感じることはあるが、その違いを会話のなかで適宜調整してコミュニケーションを円滑にする、といったことさえ自然とできるように感じる。だから、ジェンダーアイデンティティに関して分析するとなれば、関連する事例をいくつか挙げて仕事に取り掛かることができる。

けれど、そうしたノウハウを身に付けていない場合には、同じようにこの概念を分析することはできないのではないだろうか。概念分析がノウハウの言語化なのだとしたら、ノウハウをそもそも身に付けていない概念の分析などおこないようがないはずなのだ。

ここが、概念分析という哲学的思考法のリミットなのではないかと思う。自分がノウハウを身に付けてさえいない概念については分析をすることもできない。ノウハウを身に付けてもいないのに概念分析を試みると、猫と犬の区別もついていないのに猫の生態を調査するような的はずれなことをしてしまったり、そのひと自身の「こんなふうに使うはずだ」という思い込みに基づく主観的な分析になってしまったりするのではないか。ほかの哲学法についてはわからないが、少なくとも概念分析についてはこの限界を理解しておくべきなのではないだろうか。哲学者にも、語れないことはあるのだ。

これは「マイノリティの経験に関わる概念は当事者以外が論じてはならない」といった話ではまったくない。自分がノウハウを身に付けてさえいない概念の分析をすることはできないというのは、「してはならない」というような倫理や道徳の問題ではなく、「できない」という不可能性の問題なのだ。またその一方で、ノウハウを身に付けてさえいるのならば、当事者でなくとも概念分析をおこなうことは可能だろう。

だから哲学者に問われているのは、自分が分析したい概念の使用についてのノウハウを身に付けているくらいには、その概念が実際に使われているコミュニティにきちんと関わってきたのか、ということなのだろう。「引き起こす」のような言葉であれば、たいていの哲学者は実際にその言葉を使うコミュニティのなかで生き、ノウハウを身に付けていると言えそうだ。でも、この世の中に流通している言葉のなかには、限られたコミュニティのなかで活発に使われる一方で、その外にはまだノウハウがそれほど広まっていないものもある。いわゆる業界用語もそうだろうし、数学や音楽のような特定の分野内で用いられる言葉もそうだろう。マイノリティの経験を語る概念も、たとえ当人たちがその普及を望んでいたとしても、残念ながらそのコミュニティの外では十分に流通しておらず、結果的に限られたコミュニティのなかでノウハウが醸成されていることが多い。そういった概念を、そのコミュニティの外にいたまま身に付けることなどできないはずなのだ。

哲学者は確かに、原理的にはどんな概念についても分析することができるのかもしれない。けれどそれには、「その概念が用いられているコミュニティに関与してきちんとそのノウハウを身に付けている限り」という留保がつかなければならない。使い方もわかっていない概念の適用条件について、哲学者が思考だけを巡らせて語ることなどできるはずがないのだ。

……というのが、現在のところの私の考えだ。とりあえず、自分が哲学の題材にされているときに感じるもやつきについてはこれで納得できる。ただ、「ノウハウをきちんと身に付けてから概念分析をしよう」という心構えでいればそれで十分なのかというと、結局よくわからない。私には本当のところ何をどのように語ることができるのだろう？　実際には語れないはずのことを、うっかり語ってしまってはいないだろうか？　そんな不安を抱えつつ、「この不安はきっと感じなくなってはいけないものだ」とも思う。

突如、迫りくる

会話の途中で思いがけず相手の存在が際立って面食らうことがある。先日ネイルサロンに行ったときもそうだった。

国際女性デーの少し前のことで、せっかくだからミモザをあしらったデザインの爪にしてもらおうとしていた。ミモザは女性デーのシンボルなのだ。前のネイルを剝がして、爪を整えて、新しいネイルをちょっとずつ塗っては固めて、塗っては固めてと繰り返し、いつもだいたい二時間ほどかかる。ミモザを描くのに白、黄、オレンジの三色を使う必要があるらしく、一色ずつ慎重にちょんちょんと爪に載せていて、ひょっとしたらいつもより少しばかり時間を要したかもしれない。

さて、困ったことに私はおしゃべりが苦手だ。招待された講演が終わったあとの打ち上げという、誰もがいつも以上に私に気を遣って話しかけてくれるボーナスステージのような状況でさえ、気を抜くとじっと黙ってお酒を飲んで「明日は何をしようかな」などと考えていることがあるほどだ。「三木さんは漫画やゲームの話をすることが多いですね」と言われることがあるが、ただ単に、ごく親しいひと以外の生身の人間と話す機会を避けがちなので、漫画やゲームのキャラのほうが身近なだけである。

そんな度し難い人見知りである身ゆえに、美容院やネイルサロンのような長い時間ひとりの相手と一緒にいざるを得ない空間は困難な場所となる。いや、美容院は会話に詰まったら本でも読めばいいからまだいい。ネイルサロンでは何せ常に手を封じられているのである。しゃべるか歌うかくらいしかできることはない。

ミモザを爪に描いてもらいながら、私は何とか会話を試みていた。隣の隣では、びっくりするくらいの濃密さでポケモンの話に興じている女性にネイリストさんが相槌を打っている。相手はプロなんだから、あれくらい自分の関心に引きつけて話しても、たぶん大丈夫なのだろう。私はどうにか大学の話をし始めた。「ちょうど入試がひととおり終わった時期なんですよ」、「ああ、そうなんですねー」……まったく続かない。次の手がわからない。

途方に暮れて顔を上げると、テレビの画面が見えた。おそらく客が暇を潰すためなのだろう。ネイリストさんたちの後ろにテレビが置かれていて、お笑い芸人が大阪のおすすめ中華料理屋を紹介する番組が流れている。私の担当をしてくれているネイリストさんが

「私、中華好きなんですよ」と語り出す。うまくしゃべれない私に助け舟を出してくれたような発言だ。助け舟には乗るに限る。

「あ、私も麻婆茄子とか好きです。唐辛子じゃなく、花椒とか山椒とかの味の」

「しびれる系いいですよね。麻婆と言えば、美味しいお店があるんですよ」

ちょうどそこで、テレビに新しい中華料理屋が映った。ネイリストさんは画面をちらっと見て、「あ、このお店、前に行きました」と言い出す。おお、テレビでも紹介されるようなお店にもとから通っているのか、さぞ詳しいのだろうな、と思いながらおしゃべりに興じる。少ししてネイリストさんは言う、「いま映っているところも行きました。ここで美味しいのは……」。テレビには先ほどとは違う中華料理屋が映されている。さらに話題が進み、特にお気に入りの中華料理屋の話をし始める。「豊中にあるお店で、そこも麻婆が美味しいんですよね。店名は……」と語り終わるか終わらないかで、ネイリストさんが口にした店名がテレビに映る（ネイリストさんは気づいていなかったが）。

……いや、ちょっと待ってほしい。「あまりにもテレビと一致しすぎていないか？　番組の構成にでも関わっているのか？」というのも、もちろんある。それもあるにはあるのだが、それ以上に、テレビに映る風景と相まって、ぜんぜん知るつもりでなかったネイリストさんの私生活の姿がどんどん詳細さを増しながら私の脳裏に描かれていくのが気になって仕方がない。

当たり障りのないおしゃべりのなかでプライベートな話をすることは確かにある。私も自分の趣味の話をしてみたり、家族の話をしてみたりすることはある。でも、それとは何か違わないか。好きな中華料理の話をしているうちに、気がついたら会話相手の生活圏や暮らしぶりに関する情報が蓄積されていくやり取りというのは、「そういえば私、弟がいるんですけど」と言って弟の話をするのとは、ずいぶん趣が違っていないだろうか？

私が面食らったのは、たぶん私ならそのようには話さないからだ。これが友人とのおしゃべりなら、ネイリストさんが私にしたのと同じような話をして、「すごい、また行ったことあるお店が出てきた！」とはしゃぎもするだろう。でも、仕事で会うだけの、プライベートな付き合いのない相手に対してだと、一度くらいは「ここ行ったことあります！」とは言うかもしれないけれど、そこから先は知っているお店が映っても、行ったことがあるかどうかについてはなんとなくぼやかしつつ会話を続けそうだ。私の感覚では、仕事で会う相手との当たり障りのない会話にそこまで自分の実生活を織り込むのは、過剰に思えるのだ。要するに、ちょっとばかり当たり障りが生じているように感じてしまう。

でも、担当のネイリストさんはそこで私とは違うコミュニケーションの仕方を選んだ。そのずれに直面したとき、私には目の前のネイリストさんが突如として何か際立った存在として現れたように感じられて、それに戸惑ったのだろう。

だが、どうして中華料理屋に関するやり取りで、こんなにも相手の存在が迫ってきたのだろうか？　単に相手の私生活について新しい情報が得られたから、ではないだろう。それぞれの私生活での過ごし方を語り合っているなかで、「中華料理屋巡りが好きで、〇〇にも、××にも、△△にも行ったことがあります」と伝えられただけだったら、こんなふうに戸惑いはしなかったはずだ。重要なのは、私が得た情報そのものではない。そうではなく、そのように私生活に関する情報を含んだ発言を、私生活が話題になっていない場面でおこなうという会話のスタイルに、私と違う他者を感じたのではないだろうか。

会話とは共有された目的に導かれた合理的な営みであると論じたのは、哲学者ポール・グライスだ。会話は無目的になされるものではなく、何らかの目的に沿ってなされる、とグライスは考えた。目的は「マンション内のトラブルに関して住民間で意見を調整する」といった明確なものである場合もあれば、「とりあえず会話が途切れないようにして時間を潰す」といった曖昧なものである場合もある。だがともあれ、会話に参加するひとはその会話の目的を受け入れているので、そのひとの発言はすべてその目的に沿った一手であるはずであり、周囲からもそのように理解される。

グライスは会話のこうした性格から、発言が持つ言外の含み（専門用語では「推意」と呼ぶ）を説明できると考えた。「マンション内のトラブルに関して住民間で意見を調整する」という目的が共有されている場で、「そういえば最近、外を散歩していると猫をよく見かけますね」などと言ったなら、トラブルに関する話とは別に世間話を始めたというよりは、猫に関するその話もまた何らかのトラブルに関わっているのだろうと周囲の人々は理解するはずだ。なぜなら、目的に沿う発言である以上は、少なくともそれは関係のない発言ではないはずだという発話解釈の枠組みが共有されているためである。

発言は、そこに含まれる情報の量においても目的に適したものとなっていることが求められる、とグライスは考えた。殺人事件の犯人を探ろうと探偵と刑事が会話をしている場面を考えてみよう。関係者のひとりがもっとも有力な容疑者とされている。そこで探偵が「確かにそのひとは怪しいね。ひとりだけアリバイがなく、ほかのひとはみな鉄壁のアリバイがある。動機だってひとりだけ持っているし、このひとであれば被害者が警戒もせずに自宅に招き入れたのもわかる。徹頭徹尾、あらゆる証拠がこのひとが犯人だと言っているね」などといちいち指摘していったとしたら、刑事の側は「何か言いたいことがあるのか？　まさか犯人はほかにいるとでも？」などと応じるだろう。会話の目的に照らして過剰な情報量を持った発話は、それゆえに言外に何かをほのめかすのである。

では、私とネイリストさんの会話はどうだっただろう？　私たちは、そこまで明確ではない、「会話を続けて時間を埋める」といったくらいの緩やかな目的のもとでしゃべっていた。その目的に照らすと、発言をするたびにプライベートな時間の過ごし方を開示していくネイリストさんの発言は、情報量が過剰に思える。けれど、それによって言外のほのめかしをしていたのだろうか？　そうではないだろう。ネイリストさんは、ただ単に言ったままの内容を私に伝えていただけだったはずだ。

ここに、私から見たネイリストさんの「他者」としての感触が生まれたのだと思う。私が会話の目的に従って発言をするなら、それほどまでにプライベートを開示するのは情報量において過剰であり、だから私ならそのあたりはぼやかした発言にする。でも、ネイリストさんはそうではなかったのだ。ネイリストさんにとってはきっと、それだけプライベートを開示する発言が、それでも「会話の目的に照らして多すぎも少なすぎもしない情報量の発言をする」という規範に反するものではなかったのだろう。私とネイリストさんは会話の目的については共有していたはずだが、「会話の目的に照らして多すぎも少なすぎもしない情報量の発言をする」という規範への従い方が違っていたのだ。

異なる規範やルールに従う存在も、もちろん自分とは異なるものと感じられる。だが、同じ規範やルールに異なる従い方をするひとというのは、それとも違う独特な異質さを発揮する。私は食事を一日に三回するが、食事の回数が一日五回のひとがいたなら、「私とは違うな」と感じられるだろう。けれどそれ以上に、「食事は一日に三回だがその二回目は必ず定食屋さんとカフェをはしごしてそれぞれ生姜焼き定食とパスタを食べる」などと言われたほうが、「そもそもそれは一日三食に当たるのか?」と途方に暮れそうだ。そしてそれを「一日三食」と呼ぶそのひとが、私とはだいぶん違う生き方をする際立って興味深い存在として現れてくるだろう。

ともあれ、そんなこんなで当たり障りのないはずの会話のなかで、私にはそのネイリストさんが強烈な個性を放った独特な他者として感じられたわけで、いったいこれまでどんなふうな人生をたどってきたひとなのか、私以外のひととはどういう会話をしているのだろうかなど、どうしようもなく興味を惹かれてしまった。ぜひいろいろ話を聞いてみたい。

しかし、そこはどこに出しても恥ずかしくない立派な人見知りの私だ。「わー、私も行ってみたいです」ともごもご言うのが精いっぱいなのである。なぜこんなに会話のことを考えている私がこんなにおしゃべり下手なのか、頭を抱えてしまう日々だ。

理想的な言語、不完全な言語

私たちの使っている言語は、実はとても不完全なものなのではないか。そんなことを考えたのは、ベセスダ・ソフトワークス（以下「ベセスダ」）が二〇二三年に出した新作ゲーム *Starfield* の日本語版をプレイしていたときのことだった。

ベセスダは *The Elder Scrolls* シリーズや *Fallout* シリーズでよく知られている。*The Elder Scrolls* は剣と魔法のファンタジー世界で、*Fallout* は核戦争による文明崩壊後のポストアポカリプス的世界という違いはあるが、いずれもいきなりその世界に放り出されて、好きな場所に好きなように行き、自分の物語を自分で作る、いわゆる「オープンワールド」と呼ばれるタイプのゲームである。私も以前から大ファンで、ちょこちょこと取り上げて語ってきた。*Starfield* は、ゲーム性は *The Elder Scrolls* や *Fallout* に似ていながら、惑星間航行技術が発達した未来の世界を舞台に、いくつもの銀河を行き来しながら物語が展開するＳＦ作品となっている。

さて、ベセスダはアメリカの会社だが、最近アメリカやヨーロッパで作られる大作ビデオゲームは、人種的マイノリティや性的マイノリティの人々の存在を反映し、いわゆる「多様性を尊重した」作品を目指す傾向がある。ベセスダも、以前から主人公と同性のキャラクターとのロマンスが体験できるなどといった面はあったが、*Starfield* ではさらにそれを意識的に発展させているようで、アフリカ系やアジア系のキャラクターも多いし、メインキャラにも脇役にも同性のパートナーを持つ（持っていた）人物が登場する。そしてこうしたゲームは、プレイヤーが操る主人公キャラクターを生い立ちから外見、声に至るまで自由に作れることが多いのだが、*Starfield* ではなんと使用する人称代名詞まで選択できるようになっている。それにより、外見上のジェンダーと当人が望む代名詞が一致しない主人公を作ることもできるのである（そして作中で外見上のジェンダーを変更することで、疑似的な性別移行も実現できる）。しかもその代名詞の選択肢には、「単数の they」と呼ばれるものも含まれていて、性別二元論的でない呼ばれ方をすることだってできる。

この単数の「they」が問題なのである。*Starfield* を買ってうきうきと起動し、主人公キャラクターを作成していて代名詞の選択が可能だと知り、私はかなり気持ちが高揚した。メジャーな会社が作る大作ゲームで、そんな設定ができるものをプレイしたことがなかったのだ。そしていよいよ代名詞を選ぼうというときに私の目に飛び込んできたのは、こんな選択肢だった。「彼」、「彼女」、「彼ら」。

「いや、『彼ら』は違うでしょ！」と頭のなかでツッコミを入れてしまう。「単数」なんだから、あくまでそのひとは単体なのであって、別に群体で生きているわけではない。でも、ここでふと思ったのだ。「だったら、どう訳したらよかったのだろう？」と。

単数の「they」は古い英語にも見られたようだが、現在のようにジェンダー中立的な仕方で特定の個人を指す用法は比較的最近のもので、二〇一五年にアメリカ方言学会の「今年の単語」に選ばれている。私自身も「若いころにはなかった」という感覚が強い。一五年ほど前の大学院生時代には英語の文章を書くときにそうした言葉を用いた記憶はなく、英文校正でもジェンダー非特定的な代名詞を使いたいときには「she/he」や「s/he」を使うよう言われていた。一〇年くらい前、単数の「they」を目にするようになったころに論文で使ったところ、「論文ではこういう言葉遣いはしない」と修正された覚えもある。ところが四～五年前には、論文中の「she/he」を「ここは『they』でもいいですね」と直されるようになっていた。

この単数の「they」が日本でも知られるようになったとき、「これをどう訳すべきか」ということが英語を訳す機会のある人々のあいだで話題になったと記憶している。私は専門の翻訳者ではないので、プロがどういった話をし、どういった翻訳をしてきたのかはわからない。ただ、私が見ていた範囲だと、「日本語は主語や目的語を明示しない文を作りやすいから、代名詞を落として訳したら自然な日本語文になる」とか、「日本語だと固有名を繰り返し使っても不自然ではないから、固有名を使って訳したらいい」といった意見が主流だったように思う。「Let me introduce Ellis. They are a philosopher.」だったら、「こちらはエリス。哲学者です」や「エリスを紹介します。エリスは哲学者です」とすればいい、といった具合だ。

確かに多くの文はこれで自然に訳せるのだろう。ただ、そのころから現在に至るまでに、英語での単数「they」の使われ方もちょっとずつ変わってきているように思える。例えば、最近は小説や漫画を読んでいると、「I'm Ellis. They/them.」というふうに、名前を言ったあとに代名詞を付け足していることがある。要するに、自己紹介のときに「私にはthey/themを使ってね」、「私はthey/themを好む人間です」といったことを伝えているのだ。さらに、人物紹介のプロフィールとして代名詞が記載されることも増えている。有名なところだと、Netflixのドラマ版*ONE PIECE*の出演者一覧には代名詞が記載されていた。アメリカ哲学会で「名札に貼ってください」と代名詞シールが配布されたこともある。

こんなふうに自分やほかの誰かのプロフィールの一部として代名詞を示すやり方は、

「日本語だと主語や目的語を明示しなくても文を作れる」といった方法で対処できるようなものではない。はっきりと「they」に当たる代名詞を日本語でも用意しないと、どうしようもないように思える。

場合によっては、「she/he/they」を「女性／男性／ノンバイナリー」と訳して済ましていることもある。けれど、代名詞の選択とジェンダーアイデンティティは必ずしも一致しているわけではないというのも重要だ。ノンバイナリーでも「she」を好むひとはいるだろうし、バイナリーな女性や男性であっても、言語に組み込まれた性別二元論に抵抗するためなどのさまざまな理由で「they」を用いるひとはいる。「he でも they でもいい」というひとだっている。傾向としてノンバイナリーの人々はジェンダーニュートラルな代名詞を好むことが多く、それ以外の人々はジェンダー特定的な代名詞を使うことが多いというのは言えるにしても、あくまで代名詞は代名詞であって、そのひと自身のジェンダーアイデンティティとは厳密には別の話なのだ。

単数の「they」がこのように使われるようになる過程で、英語という言語は変化を遂げたのではないかと感じる。それ以前の言語においては想定されていなかった人間を語れるようになり、自分自身のプロフィールの一部として代名詞を伝えるという新しい実践が可能になった。逆に言えば、それ以前の英語はそうした語りや実践ができない言語だったのであり、だからこそ、ときに「文法的におかしい」といった非難（があったと記憶している）を受けながらも単数の「they」を地道に使い続けることで、言語そのものを変革する必要があったのではないだろうか。

「日本語だったら主語や目的語を落として自然に訳せる」のような考え方は、たぶん翻訳テクニックとしては間違っていないのだと思う。翻訳は、たいていの場合は読みやすい自然な訳文を目指すのだろうから。ただ、「自然な表現」を目指すというのは、それまでの日本語と変わらない日本語を維持し続けるということなのではないだろうか。従来の日本語文に落とし込めるからこそ、私たちはそれを「自然」と感じるのではないか。だとすれば、私も含め多くのひとは、日本語のほうは変革しないままにしながら、変革されつつある英語をうまく日本語に置き換えるということを目指してしまっていたのではないか。

そんなふうに考えるとき、前提となっているのは「日本語という言語はすでに十分にさまざまな状況を記述するリソースを備えている」という見方ではないだろうか。日本語には十分なリソースがあるはずだから、英語の文を訳すときには、その文が表す状況を記述するような日本語文を探せばいい。「They are a philosopher.」を「哲学者です」と訳すように。でも、英語で代名詞をプロフィールの一部として用いるようになるなかで、日本語にはそうした実践を支えるリソースが足りていないことが露わになりつつあるのかもしれない。*Starfield* で「they」が「彼ら」と訳されたのは、必ずしもこのゲーム自体のローカライズの問題ではなく、代名詞の紹介に対応するような日本語での実践を、私たちが作り出せてこなかったことからの帰結なのだ。

まったく異なる文脈でだが、ジョン・L・オースティンは一九四〇年の草稿「語の意味」("The Meaning of a Word") のなかで、私たちの用いる日常言語はときに破綻するという話をしている（「語の意味」は勁草書房『オースティン哲学論文集』に収録されている）。そこで話題になっているのは分析性と総合性の区別だ。

「独身者は結婚していない」のように、そこに含まれる言葉の意味だけから真であると導かれるような言明を「分析的に真」と言う。これに対し、「カエサルはルビコン川を渡った」のように、そこに含まれる言葉の意味だけでなく、事実が実際にどうであるのかにもその真理性が依存しているような言明を「総合的に真」と言う。逆に言葉の意味だけからどうしたって偽であるような言明は「分析的に偽」、事実に照らして偽であるような言明は「総合的に偽」と言ったりする。

当時の分析哲学界では、どんな言明も分析的に真、分析的に偽、総合的に真、総合的に偽のいずれかに分類できると信じるひとが多かった。けれどオースティンは、実際に私たちが使っている日常言語ではそんな分類は必ずしも成り立たないと指摘する。例えばいままさに騒音を聞いているさなかに「この騒音は存在する」と言ったとき、この言明は分析的に真なのだろうか、総合的に真なのだろうか？　一部の哲学者はこの言明があまりに疑いなく正しいことからこれを分析的に真だと見なすし、他方でこれが偽になる状況は想定可能であることからこの言明を総合的に真だと見なす哲学者もいる。オースティンは、そもそも真なる言明を分析的か総合的かに必ず分類できるという哲学者たちの発想を問題視する。理想的な言語であれば確かに常にそうした分類が成り立つのかもしれない。けれど、私たちが普段使っている言語は理想的ではなく、例外的な状況を前にすると破綻する、というのだ。そして日常言語が理想的な言語であるかのように語るのは間違っている、とオースティンは論じる。

ぜんぜん違う話題ではあるけれど、私はオースティンのこの考え方に強く惹かれる。私たちの言語は理想的ではない。それはつまり、理想的な言語であれば成り立っているかもしれないことだって、私たちの現在の言語では成り立っていない可能性がある、ということだ。分析的／総合的という区別が必ずしも私たちの言語で常に成り立つわけではないように、あらゆる状況が必ずしも私たちの言語ですでに記述可能であるわけではない。私たちはいつだって不完全な言語とともに生き、それを使ってコミュニケーションを取っている。

だから、言語は絶えず改定していかなければいけないのだ。私たちがいま使っている日本語は、性別二元論をはみ出るような実践を支えるリソースを十分に備えていない。だとすれば、「自然な日本語」を維持するのではなく、むしろ新たな実践、新たな記述を可能にすべく、「これまでの日本語に照らすと不自然な言い回し」を探り、それをあえて使って、日本語を変革していく必要があるのではないだろうか。

このことを強く意識したきっかけは単数の「they」だったが、これは性的マイノリティに関する領域に限られた話でもないだろう。私たちが直面する状況、私たちが抱いている気持ち、私たちがおこないたい実践、そのありとあらゆる場面にわたって、きっと私たちのこの言語は理想に達していない。そのために、私たちはしばしば自分が経験したことを伝える言葉を見出せず黙り込んだり、自分のうちにある気持ちがまるで存在しないもののように扱われたりといった経験をする。新しい言語実践が常に必要なのだ。

単数の「they」については、「彼女」でも「彼」でもない、「彼人《かのひと》」という日本語を提案しているひともいる。「彼人」は、「they」ではなく同じくジェンダー中立的な代名詞「ze」の訳語としてであるが、すでに *Ikenfell* というインディーズゲームの日本語ローカライゼーションにおいて、ジェンダー中立的な代名詞として用いられている。

こうした新しい言葉を積極的に使うのは、勇気のいることだ。読んでいるひと、聞いているひとが困惑する可能性もあるし、それによって話が伝わりにくくなる危険性もある。それでも、少なくとももときにそうした勇気を発揮していかないと、言語を変えることはできない、とも思う。そんなわけで、このところ私は「彼人」をおおやけの場で使う機会を虎視眈々と狙っているのである。

あれ、そうだっけ

本書では気を抜くとゲームと漫画の話ばかりしている私だが、実は生身の人間とも交流がある。両親、弟、そして少数の友人に、職場の同僚たちに、授業をしている学生たちだ。とはいえ、基本的におしゃべりが得意ではないので、ごく親しいひと以外とは緊張してあまりうまく会話ができないし、帰宅してから「変なこと言っていなかったかな」、「私のせいで会話が止まったりしなかったかな」と悶々とする。難儀な性格だ。

ともあれ、そんな生身の会話のなかで面白いやり取りが発生することももちろんある。そうすると、私のシャイな部分は相変わらずおどおどと会話をし続けながら、私の言語哲学者の部分は「おっ、これは何かの題材になるな」と反応する。心のなかで天使と悪魔が言い合う構図は古典的な漫画表現だが、心のなかで人見知りと言語哲学者が同居する人間は珍しいかもしれない。

先日は、同僚とのあいだでこんなやり取りがあった。私はそのときトイレに行こうと廊下を歩いていて、後ろから同僚が話しかけてきたのだった。「三木さん、海外の研究の申請、どうなった？」

ちょうどそのちょっと前に、海外の研究者から私のところで滞在研究をできないかと打診があり、同僚にもその話をしたばかりだった。その研究者は日本で研究費を獲得しようとしていたのだが、連絡をもらった段階でその申請の締め切りがすでに迫っていて用意が間に合わず、最終的に今回は見送ることになったのだった。

「いや、さすがに締め切りの直前すぎて、無理でしたね」

「あ、そうなの。でもまだ来年までは年齢的にもぎりぎりいけるから」

実際、研究費の申請には年齢制限が設けられていることがある。

「そんなぎりぎりかな。まだ博士論文をこれから出すくらいらしいですけど」

「あれ、そうだっけ。じゃあまだ余裕があるのかな」

こんな会話を交わして、私たちは別れた。……と思ったら、慌てたように同僚があとを追いかけてきて言った。「三木さん、三木さん、違う、三木さんの話！」

そう、実は滞在研究希望者の話が出る前に、私自身がもしかしたら海外に滞在研究に行けるかもしれないという話も出ていて、同僚はその話をしていたのだった。そちらも、私がプロジェクトを知ったときには締め切り間際すぎて断念したものであり、そして年齢制限が設けられていて、さらにその制限からすると私は来年が最後のチャンスになる、というものだった。

それを踏まえてやり取りを思い返すと、微妙な食い違いにも気づく。かたや「海外の研究者が日本で滞在研究をするための申請」、かたや「私が海外で滞在研究をするための申請」。とはいえ、両方とも「海外の研究の申請」であるのは同じで、加えて「締め切り直前」だったのも重なっている。ただ、「来年までは年齢的にもぎりぎりいける」というのは、私にコンタクトを取ってくれた研究者にはたぶん当てはまらないし、「博士論文をこれから出す」はすでに博士論文を出したうえにそれを書籍化（二〇一九年に勁草書房から出した『話し手の意味の心理性と公共性　コミュニケーションの哲学へ』）までした私には当てはまらない。なんだかずれている。でもすれすれのところで適当に頭のなかでごまかして済ませられる程度のずれだったのだろう。そんなわけで、同僚が真相に気づくまで、私たちは互いの意図を理解しないまますれ違った会話を続けていた。

会話下手な人間としての私は「ああ、やってしまった……」。私は相手の持ち出した話題をきちんと把握することさえできない……」と落ち込むところであるが、言語哲学者としての私はもう少しばかりタフで、好奇心も持っている。言語哲学者としての私にとって興味を引かれるのは、「仮に両者ともその後ずっとこのすれ違いに気づかなかった場合、いったい私たちは何の話をしていたことになるのだろうか？」ということだ。

もちろん、個々人の気持ちとしては、同僚はふたりで私の海外滞在の話をしていたと思っているだろうし、同僚による指摘がなかったとしたら、私はふたりで滞在研究希望者の話をしていたと思っているだろう。そうすると、同僚の発話はいずれも私の海外滞在についての内容を持ち、私の発話はいずれも滞在研究希望者についての内容を持つ、ということになりそうだ。

でも、そんな単純な話だろうか。例えば私の「そんなぎりぎりかな」という発言に対して、同僚が返した「あれ、そうだっけ」という言葉は、この文脈で何を意味しているのだろう？　ひとつの考え方としては、あくまで同僚の発言なのだから、これは〈三木那由他がそんなに制限ぎりぎりの年齢ではないということを失念していた〉といった意味を持つ、と取れるかもしれない。少なくとも当人はそうしたつもりで発話をおこなっているだろう。

一方で、「そう」はいわゆる照応をおこなう表現でもある。照応というのは、これまでの会話や文章中で出てきた表現を代名詞や指示詞などで表す言語現象である。「友達のAさんがホラー映画ばっかり見ててさ」、「え、いいね、そのひと会ってみたい」といった会話がなされた場合、「そのひと会ってみたい」という発言をした話し手は、Aさんのことを直接には知らないまま、直前の相手の発言を受けて〈そのAさんというひと〉といった意味合いで「そのひと」と言っている。この場合、話し手は厳密には「そのひと」が具体的に誰を指示しているのかわかっておらず、Aさんを含む数人のグループを見せて「さあ、このなかであなたが『そのひと』と呼んだのは誰ですか?」と訊いても答えられないだろう。むしろ、その答えは「友達のAさんが……」と言い出した側が知っていることだ。「そのひと」と言った側は、具体的に「そのひと」=「Aさん」が誰であるかは相手側が決めるのに任せているのである。

「あれ、そうだっけ」という同僚の発話は、照応的に「そう」を使っているつもりでもあっただろうし、実際そのように解釈することもできる。その場合には、〈滞在研究希望者がそんなに制限ぎりぎりの年齢ではないということを失念していた〉といった内容になるだろう。でもこれも変だ。というのも、同僚はその研究者の年齢なんてもとから知らなかったのだ。このように考えていくと、どうにもちぐはぐで、「あれ、そうだっけ」の意味をうまく確定することが難しく感じられてくる。「そう」は照応的に使われているように思えるが、だとすると発話した当人が想定しているのとは異なるメッセージを持つことになるのである。

「発話の意味は話し手の意図によって決まる」と言い切れれば、「『そう』が照応的だろうが何だろうが関係ない、意図されているのは三木についてのメッセージなのだ」と言ってしまえるかもしれない。でも、実は「発話の意味は話し手の意図によって決まる」と言い切るのも難しい面がある。

例えば、私が東京に住む友人に「近々、東京に行こうと思っているのだけど、よかったら食事などどう？」と連絡したとしよう。友人はきっと、「近々」を数週間後、あるいはせいぜい数ヵ月後のことだと捉えるはずだ。ひょっとしたら、そのつもりでお店を探すなどしてくれるかもしれない。しかし、何ヵ月たっても私から続報が来ない。きっと友人は戸惑い、「東京に来る予定、なくなった？」などと連絡してくるだろう。それに対して、私はなんと「いや、私は『近々』でだいたい一〇年以内くらいの幅を意図していたのだけれど」と言い出した。

この場合、たいていのひとは率直に言って私のほうがめちゃくちゃだ、いくら私がそのような意図を持っていたとしても「近々」と言っておきながらその意味をこんなにもねじ曲げることはできない、自分の言葉に反する振る舞いをしている、と感じるのではないだろうか？　当然、友人も「勝手すぎない？　『近々』って言ったら近々でしょ？　こっちはそのつもりで準備していたのに」と怒る。私が意外にも素直に「ごめん、それはそうだよね。私が間違ってた」と謝ったとする。このとき、私の発話した「近々」は結局どういう意味だったことになるのだろう？

自然な解釈は、「近々、東京に行こうと思っている」という私の発話が意味するのはあくまで〈だいたい数ヵ月以内に東京に行く〉であって、私はそれに反する振る舞いをした、というものではないだろうか。そうだとすると、私は自分の発話の意味を自分の意図で決められてはいないことになる。私の意図はあくまで〈一〇年以内に東京に行く〉だったのだから。こうした例から考えていくと、実は発話の意味は話し手の意図なりなんなりによって最初から決定されているというより、話し手と聞き手の合意のもとで事後的に決定されていると捉えるほうがよさそうに思える。

さて、ここで私と同僚のやり取りに戻ろう。仮に同僚が私たちのすれ違いに気づいていなかったら、つまり私たちが互いにすれ違っていることに気づかず、それゆえに互いの発話の意味を決定するための合意がどこにもなかったら、私たちの発話はいったい何を意味していたことになるのだろう？　これはけっこうややこしい問題ではないだろうか？　さらに言えば、わりと哲学的な問題でもある。「そもそも意味ってどうやって決まるの？」という話なのだから。

意味がいかに決まるかということについては、哲学者ソール・クリプキ（Saul Kripke）が『ウィトゲンシュタインのパラドックス　規則・私的言語・他人の心』（黒崎宏訳、ちくま学芸文庫、二〇二二年）で論じている（*Wittgenstein on Rules and Private Language: An Elementary Exposition*, Basil Blackwell, 1982)。そこでは足し算《プラス》とクワス算からなる架空の事例が語られている。

仮に、私がまだ57以上の自然数の足し算をいちどもしたことがなかったとしよう。それより小さい数については、「２＋５＝７」、「15＋34＝49」といった調子で、ちゃんと足し算をしてきた。さて、「68＋57は？」と問われて、私はこれまでと同じように「68＋57＝125」と答えた。ここからが問題だ。へんてこな懐疑論者がやってきて、「ちょっと待って、計算間違ってるよ」と言い出す。「え？　でもこれまでと同じように足し算をしたんだけど」と返すと、「でも、きみはこれまで『＋』という記号を使って足し算ではなくクワス算をやってきたんだから、ちゃんとクワス算の答えを出さないと」と来る。懐疑論者によれば、クワス算では、ＸもＹも57より小さいときには「ＸクワスＹ」は「Ｘ足すＹ」と等しい値になるが、どちらか一方でも57以上であるときには「ＸクワスＹ＝５」になるのだと言う。懐疑論者によれば、私は本当は「68＋57＝５」と答えるべきだったのだ。

問題は、私がこれまでやってきた計算は、足し算にもクワス算にも合致するということだ。どちらを使っても、２と５を合わせれば７になるし、15と34を合わせれば49になる。

クワス算は57より小さい自然数に対しては足し算と同じになるのだから、当然だ。そうすると、私が「＋」を使って足し算をしていたのか、クワス算をしていたのか、何をもとに決めることができるのか、何を言えば懐疑論者に「なるほど、きみは確かにクワス算ではなく足し算をしていたのだね」と納得させることができるのかよくわからなくなる。クリプキはウィトゲンシュタインの『哲学探究』を独自の仕方で読み解きながら、このようなパズルを提示する。

クリプキはいろいろな候補を検討しつつ、最終的に「私が『＋』で足し算をやっていたのかクワス算をやっていたのかを決定してくれるような事実など存在しない」と結論づける。要するに、私が「＋」を使っていたときに、それが足し算を意味しているのかクワス算を意味しているのかは、何を見ても決めることができず、懐疑論者を説得することなどできない、ということだ。でも、私たちはふだん意味について語っている。「あなたが使っている『＋』は足し算のことを意味するよ」とか、「あなたの言う『杞憂』という言葉は不必要な心配をしすぎるという意味を持っているよ」という具合に。意味を決定する事実が存在しないというのは、言葉の意味を説明するこういった発言もすべてナンセンスであったり、間違っていたりするということなのだろうか？

そうではない、とクリプキは語る。ざっくりとまとめると、こうした説明は、〈あなたがこれまでしてきたことやその他の事実を探ると、あなたが「＋」を足し算の意味で使っているると確かめられる〉といった根拠のもとでなされているのではなく、〈あなたが「＋」を使っておこなっていることは私がそれを足し算として用いるときにしていることと一致している〉という根拠のもとでなされる、と言うのだ。そしてそれは結局のところ、〈私たちは、理由はよくわからないけれど、ともかくも現時点で「＋」を足し算として使うコミュニティのなかで生きていて、あなたがそれに合わせた振る舞いをすることを期待するし、その期待に反するならば適宜その振る舞いを改めるよう求める〉という話に帰着するとされる。

個人的には、コミュニティでの一致などといった話を出されると、社会で標準的とされる振る舞いにまったく一致せず暮らしてきた性的マイノリティであるがゆえの古傷が痛んで、「この考え方、怖っ」と思ってしまうが、そこは置いておこう。私と同僚の「そんなぎりぎりかな。まだ博士論文をこれから出すくらいらしいですけど」、「あれ、そうだっけ。じゃあまだ余裕があるのかな」というやり取りの「あれ、そうだっけ」を同じように理解できるだろうか？　しかし、これは難しそうだ。「あれ、そうだっけ」はあまりにも内容が文脈に依存し過ぎていて、この場面で「あれ、そうだっけ」を〈三木那由他がそんなに制限ぎりぎりの年齢ではないということを失念していた〉とする習慣も〈滞在研究希望者がそんなに制限ぎりぎりの年齢ではないということを失念していた〉とする習慣も、特にコミュニティに共有されているわけではなさそうなのだ。

そうすると、「あれ、そうだっけ」は、仮に同僚が私とのすれ違いに気づかなかったとしたら、何らかの事実に照らして意味を決定できるわけでもなく、しかしコミュニティにおける一致という観点から「こういう意味だ」と主張できるようなものでもない発話ということになる。でも、だったら無意味な発話なのかと言われると、少なくともすれ違いながらも会話はしていたわけで、完全に無意味とも言いにくい。

こんな例を頭のなかでこねくり回しつつ、最近考えているのは、ひょっとしたら発話の意味というのはそんなにはっきりと決まっていなくて、むしろいろいろな含みを持った可能性として存在しているのかもしれない、ということだ。「あれ、そうだっけ」を〈三木那由他がそんなに制限ぎりぎりの年齢ではないということを失念していた〉へと展開する可能性も、〈滞在研究希望者がそんなに制限ぎりぎりの年齢ではないということを失念していた〉へと展開する可能性も、その発話の時点ではあった。もしかしたらほかの可能性もあったかもしれない。それは無意味なのではなく、そこから広がる可能性が、ひとつの規則やひとつの命題のかたちで表すほどには狭められていないということなのではないだろうか。発話の意味を、規則や命題といったかちっとしたものとして捉えようとするから、このあやふやな発話をあやふやなままで理解することができなくなってしまっているのではないか。

私と同僚がそのやり取りのあと、まったくすれ違いに気づかずにいたなら、「あれ、そうだっけ」から広がる可能性は狭められないまま、同僚は私の海外滞在についての行動を、私は滞在研究希望者の来日についての行動を取り続けるだろう。そしてそれらは、どちらも等しく可能なのだ。すれ違いに気づかなかったなら。けれど実際には、同僚がその場で気づかなかったとしても、どこかの時点で同僚と私との行動の食い違いはあらわになる。そのときに改めて、私たちは自分たちの発話から広がっていた可能性を顧みて、「いや、こちらはそんな行動がここから展開できると想定していなかったんですよ」といった確認をし合い、事後的に可能性を狭める。そうしたことが起きているのでは、と考えている。

そうすると、こんな考え方だってできるかもしれない。同僚は「三木さんの海外滞在の話のつもりだったんだけど」と言い、私は「私が海外の研究者を受け入れる話のつもりでした」と言う。そして互いにすれ違いを理解し、さらにもしもどちらの言い分もそれなりに筋が通っていると互いに認めた場合、「あれ、そうだっけ」はどちらの意味でもあったのではないだろうか？　もともとどちらの可能性もその発話からは広がっていて、ふたつの狭め方のどちらも等しく可能だとしたら。実際、私と同僚は会話のすれ違いにひとたび気づいたなら、私の海外滞在に関する同僚の考えと滞在研究希望者に関する私の考えの両方をいちどに共有することになるはずだ。どちらの可能性も一体となったごちゃっとした発話の意味のなかから、ふたつの異なる可能性が分化して、そのそれぞれのもとで同僚が理解した私と同僚のやり取りと、私が理解した私と同僚のやり取りの両方が浮かび上がり、私たちはそのどちらも理解し、そしてその両方が私たちの今後のやり取りの前提になるだろう。どちらかが「こんな意味ではなかった」と霧散することはないのだ。

この見方をどんなふうにもっと明確化したらいいのかわからないのだが、ともかく最近はこんなふうに考えながら、そのときのやり取りを反芻している。もしかしたら、そんなことをするから余計にいろいろと気になって、しゃべるのが苦手になってしまうのかもしれない。やはり、まったくもって難儀なことである。

呼びかける言葉

この本のもととなった連載の最初の回で、学生からの「先生」呼びを話題にした。教員と学生のあいだの力の不均衡を強化したくない、「先生」呼びはそれを強化しそうだ、けれど「『先生』と呼ばないで」と学生に私が言ってその通りにさせたなら、それは私がどうにかしたく思っている力の不均衡を利用した振る舞いであって、表面的には「先生」呼びでなくなったとしても結局のところ不均衡は維持・強化されるのではないか、……と悩んでいるという話だった。

それがもう三年ほど前のことだ。その間に、当時は想定していなかった事態が起こり始めている。単行本となった『言葉の展望台』を読んで、私のそのもやもやを知ったうえで入学してきた学生さんと出会う機会が増えてきたのだ。その結果、こんなやり取りも起こるようになった。

「あの、『先生』呼びでなく、何と呼んだらいいですか?」

「ええと、ご自由に、好きなように呼んでくだされば……」

「そうですか……」

そしてどうなるかというと、たいていの場合、相手は単に私のことを呼びづらそうにするようになるのである。

考えてみれば、私の考え方を知ったうえでやってくる学生さんが現れるというのは、不思議なことでもなんでもない。本を出している以上は読むひともいるだろうし、そのなかにはうちの大学を受験するひともいるだろうし、そうしたら私の授業を受けることだってあるだろう。なので、起きて当たり前といえば当たり前の事態なのだが、連載を始めた当時の私はそんなことはぜんぜん考えていなかった。何せそれまでほとんど学術論文と学術書しか書いていなかった身であり、そしてその手の文章は読むひとがかなり少ない。専門家以外から「あれ、読みましたよ」と言われる経験などほとんどなかった。そのせいで、これから大学に来るようなひとたちが自分の書いたものを読むかもしれないという感覚が希薄だったのだ。

ともあれ、そんなこんなで「私をどう呼んでもらうか問題」は新しい局面を迎えている。ひとと何気なく会話をしているなかで、「どうやら『先生』呼びは好まないらしいけれど、かと言って代わりにどう呼んでいいかはよくわからない」と相手が思って戸惑っているらしき気配を感じることが増えたのである。なかには、「『先生』呼びは好まないらしいと伺っているのですが、私はあえて『先生』と呼ばせてください」と告げ、「先生」呼びにするひともいる。

もちろん私のほうはその呼びかたが相手にとって楽なのであればぜんぜん構わないのだけど、それはそれで「このひとをあえて『先生』呼びするからにはきちんと相応の敬意を示すようにせねば」みたいな気配りを感じることがあり、「いやいや、普通にしてくれていいんですよ！　そんなすごい人間でもないので！」と慌ててしまう。要するに、逆に気を遣わせていると感じる場面が増えてしまったのだ。不均衡を緩めるどころではない。むしろしっかり気を遣わなければならない、その意味で「目上」の相手になっている節があって、私も私で困惑している。

思えば、呼び名というのは悩ましいものだ。ひとに呼びかけるというのがどうしようもなく必要な場面はたくさんある。ひとを呼び止めるときにも必要だし、誰かの話をほかのひとにするときにもその誰かを何らかの言葉で呼ばないとならないし、会話相手の意見を訊くときには「Aさん／A先生／A氏／Aちゃん／……はどう思いますか？」といった訊きかたをする。もちろん「あなたはどう思いますか？」と訊いてもいいといえばいいのだけれど、私の日本語感覚としては、「あなた」や「きみ」といった言葉は日常的にはあまり使わず、どこか気恥ずかしいところがある。

そうすると、そのたびごとに私たちはAというひとに一定の「位置づけ」を与えながら話すことになる。Aは私と対等かつそこまで距離が近くない「さん」呼びでよいひとなのか、それとも親しく「ちゃん」呼びをする相手なのか、それとも……。その選択には、私自身がAとどういう関係でありたいかという意志だけでなく、実際のところ私とAがどのような社会的位置にあるかということも反映されるだろう。会社のなかでAは私の上司かもしれない。そのとき、私自身はAと親しくなりたいという意志を持っていたとしても、さすがに「Aちゃん」とか「Aくん」とかとは呼びにくい（その呼びかたに否応なしに含まれるジェンダー化の気配も引っかかるところだ）。仮にA自身が「ちゃん」づけをしてほしそうにしていたとしても、私とAとの実際の関係からすると「さん」呼びへとどうしたって導かれてしまう。

名前がわからないときの呼びかたも気になるところである。名前のわからないひとを相手に「お姉さん」、「お兄さん」などと呼びかけるのは、よくあることだ。いや、私はそんなふうにひとを呼ぶことはないし、「お兄さん」は問題外として、「お姉さん」呼びをされるのも好まないけど、とはいえそういう言葉遣いのひとはあちこちにいる。それは、一種の親しみの表現ともなっているように感じる。だからこそ逆に、ナンパや客引きなどでの

「お姉さん」呼びは馴れ馴れしくて邪魔くさく感じられるのだろう。ほかにも、相手が教員であったり、弁護士であったり、医者であったりするのはわかっているが名前はわからない、という場合には、「先生」という呼びかけが使われることも多い。

困るのは、こうした呼びかけが必要になる場面が多いことと、そうした呼びかけの言葉にはそんなにニュートラルでないものが多いということ、そして代替となるニュートラルな言葉が見つけづらい場合が往々にしてあるということだ。

例えば名前を知らない子どもがふたりいて、「どうもこのふたりはきょうだいらしい」と思ったとき、年上のほうに呼びかけるのにぱっと思いつく選択肢は「お姉ちゃん」か「お兄ちゃん」で、そのほかの選択肢はなかなか思いつかない。でもその呼びかけは、その子の性別を女の子か男の子かのいずれかに仮定しないと使えないものであって、不可避的にその子の性別についての自分の判断を組み込んでしまう。性別というのもこの社会における位置づけの一種だから、これは相手を一定の場所に位置づけるニュートラルでない呼びかけだ。私たちはどうにも、この社会のなかでの位置づけを参照しないでひとに呼びかけることができないらしい。

結局のところ、私たちはそもそも否応なしにこの社会に組み込まれ、位置を与えられ、ほかのひとたちとの関係を与えられ、そのなかで生きているということなのかもしれない。私とあなたが社会を背負うことなく個人と個人で向かい合うことは、まったくないとは言えないかもしれないけれど、少なくとも滅多にない。私はただの私ではなく、ある職業に就き、ある性別の枠に置かれ（あるいは置かれず）、ある年代の、あなたとある関係のもとにある社会的な存在として現れ、あなたと向かい合う。そして、互いに呼びかけ合うとき、私たちはしばしば相手のそうした社会的な位置づけを参照して呼び名を選ばざるをえない。それ以外の呼びかたを、社会に埋め込まれて生きる私たちは知らないことが多い、ということなのだろう。

では、そうした参照がうまくいかないときには、何が起きるのだろう？　社会的位置づけから逃れて、個人と個人として向かい合えるようになるのだろうか？　きっと、そんな都合のいいことにはならない。たぶん私たちはただ、互いの社会的位置づけはおおむね維持したまま、気まずく、ぎこちなく会話をすることになる。

思い出すエピソードがある。いや、そこまで記憶がはっきりしていないので、「思い出す」というより、ひょっとしたら勝手にエピソードをつくってしまっている面もあるかもしれない。いずれにせよ、小さいころ、私は両親を「母ちゃん」、「父ちゃん」と呼んでいた。幼稚園くらいまでは「ママ」、「パパ」だったはずだが、その後、確か小学校に入って少しして、『少年アシベ』のアニメが始まったのがきっかけで呼びかたを変えたような気がする。ゴマフアザラシのゴマちゃん、ゴマちゃんを飼っているアシベ、その友人のスガオなどなどの多彩で個性的なキャラクターが出てくる、愉快で可愛らしいアニメだ。アシベは自分の両親のことを「母ちゃん」、「父ちゃん」と呼んでいた。それに影響されて、あるいはそれに影響された周囲の子の真似をして、私も両親をそんなふうに呼ぶようになった（記憶違いでなければ）。

この呼び方にはたくさんの位置づけが絡んでいる。親と子という関係、母と父を呼び分けるジェンダー化、そして「お母さま」や「お父さま」、あるいは「お母さん」や「お父さん」と呼ぶのと比べるといくらか庶民的なものとしての自分自身の立ち位置。そのことを、当時の私が意識していたわけではなかったはずだ。ただ、アシベの言動を真似することで、私は知らず知らずのうちに、自分をアシベに類似した位置に置くような自己理解をし、それに合わせて両親の位置づけ、両親と自分との関係を認識し、両親に呼びかけていたのだろう。

だが、成長し、思春期を迎えるころ、周囲の子どもたちの親への呼びかけが変化するようになった。典型的なのは、親を「お袋」、「親父」と呼ぶ子どもたちだ。小学校のころ、そんな呼びかけをする子はほとんどいなかった。しかし、中学校、高校となるとかなり数が増える。そしてそのほとんどは（というより、私の周囲に限って言えば全員が）男の子だった。

「母ちゃん」、「父ちゃん」呼びは、自分自身を年少の子どもの位置に置くような感覚も伴っていた。幼稚園児ほど幼くはないけれど、中学生ほど成長してもいないという程度の。周りの子たちは少しずつそうした呼び名から離れ、親への呼びかけかたを変えていく。そしてその変化は、第二次性徴の時期に強化されるジェンダー化と結びついているように、私には感じられた。「男の子から男になったなら、親は『お袋』、『親父』のように呼んでいくこと」、そんな暗黙のルールがあるように見えていた。

私の友人は男の子ばかりだった。その友人たちが「男」としての自己理解を強め、それをさまざまな言葉へと反映させていくなかで（「お袋」、「親父」、「俺」、「お前」、……）、私はそれについていけなくなってしまった。性別違和が強まり、得体の知れない自己否定の感覚が生じ出したころだ。「母ちゃん」、「父ちゃん」のような呼びかたは自分を子どもの位置に置きすぎる。でも「お袋」、「親父」のような呼びかけは私の言葉には思えない。他方で「お母さん」、「お父さん」のような呼びかけは、「丁寧すぎて女っぽい」ように周囲から見られ、からかわれたり攻撃されたりする危険があるように感じられた。

その結果、両親に向かったときの自分自身の位置づけを、私はうまく参照することができなくなってしまった。「小さな子ども」ではもはやないけれど、かといって「息子」としての位置づけに適合することもできない。私はだんだんと、両親へのうまい呼びかけかたがわからなくなって、いくらかぎこちなさを感じながらしゃべるようになった。別にそれによって、親と子という社会的関係が消滅したわけではない。そうしたものは残ったまま、ただ私の発話がぎこちなくなっただけだ。

いま私は両親を「お母さん」、「お父さん」と呼んでいる。それは、性別移行の過程で自然に起きた変化だった。「男性」という社会的な枠に適合できない自分に気づき、性別違和を解消しようと社会的、身体的な移行を試みるなかで、だんだんと周囲から「女性」という枠に入れられ、呼びかけられるようになった。例えば「くん」づけや「お兄さん」呼びがなくなっていった、というように。それは、比較的自然な呼びかけ、位置づけであると感じられた。そのように呼びかけられることで、私は自分自身をこの社会のなかで再定位した、とも言える。そして、両親に対する「息子」ではなく、両親に対する「娘」という関係のありかたを参照したとき、「お母さん」、「お父さん」という呼びかけが違和感のないものとして発せられるようになったのだ。

もちろん、この一連の出来事はジェンダーステレオタイプと関連している。「女の言葉遣い」、「男の言葉遣い」というのはまさにステレオタイプそのものであって、そんな差はなくなるに越したことはない。しかし問題は、いまこの瞬間をリアルタイムで生きている私たちは、さまざまな位置づけ、関係のもとで構造化されたこの社会の内側にいて、そこから外に飛び出せるわけではないということ、そしてその構造を離れたニュートラルな言葉は容易には手に入らないということだ。「娘」か「息子」かという二者択一から離れた、ニュートラルな「子」でいられるような語りかたがあったなら、私はそれを選んでいたと思う。でも、見つからなかった。私にできたのはただ、性別移行によって自然に話せるようになるまで、ぎこちない話し方でやりくりするということだけだった。

私が「先生」呼びへの否定的な気持ちを語ることで、このぎこちない状況へと追いやられてしまったひともいたのかもしれない。私に呼びかけるとき、相手は私との関係や互いの社会的位置を参照し、私への呼びかけかたを探す。特に親しい相手でなければ、参照できるのは私が大学の教員であるということくらいかもしれない。しかし、私は自分のそうした位置を参照してほしくなさそうな素振りをしている。すると、呼びかけかたが見つからず、ぎこちなく話すしかなくなってしまう。そんなふうにして、私は少なからぬひとを困らせてしまったのかもしれない。

そんなことを考えていると、「でも、だったらどうしたらいいのだろう？」と改めて困惑してしまう。ただ単に、「結局のところ私は教員なのだから、その地位に相応しい振る舞いをし、相応しい関係を構築しよう」と決意したらいいのだろうか？　いや、それも何か違う気がする。

たぶん必要なのは、関係の可能性を開くこと、関係の変化へと身を委ねることなのではないか。両親に対する私の位置は、「息子」から「娘」へと変わることができた。この変化のなかで、私は自然な呼びかけ方を手にした。これは、両親と私の関係がそのように変わる可能性が開かれていて、そして両親が私の試みるその変化へと身を任せてくれたために実現したことだ。

以前に「先生」呼びへのもやもやを語ったとき、私はただ単に「私はこういう位置づけに違和感がある」という気持ちを表明しただけで、相手との関係をもっと広い可能性へと開くこともしていなかったし、その関係について相手に身を委ねる用意があるという姿勢を見せてもいなかった。ただ単に私の意志を語っただけだ。しかし、この連載を通じてコミュニケーションについて考えるなかで徐々にわかってきたのは、目の前の相手としっかりと向き合うためには、ときに自分自身で物事を決めるのを中断し、相手に身を委ねる必要があるということだ。私の言っていること、私が発話を通じてしていること、そして会話のなかで現れる私とあなたの関係、そのいずれも、私単独で決めることではなく、私とあなたのあいだで相互的に調整されることであって、だからこそときには自分の意志を引っ込めてあなたのやりかたに合わせることもできる。一緒に歩いているときに、自分のスピードを頑として維持するのではなく、相手に歩調を合わせるように。

そのように相互に調整するただなかでも、私とあなたがこの社会から離れた個人と個人として向き合っているわけではないのだろう。私たちはこの社会から逃れることはできない。でも、社会を背負って向かい合いながら、それでもときに相手に身を委ね、いったいどこに向かうのかわからないままコミュニケーションを続けるとき、ひょっとしたら私とあなたはそれ以前の関係とは違う関係のありかたを見出すことができるかもしれない。私はきっと本当は、そうした関係のつくりかたを夢見ていたのだ。それをうまくやるコミュニケーションの方法を知っているわけではないし、そんなものがあるのかもわからない。ただ、そうしたコミュニケーションがありうるのだと、そこに新しい私、新しいあなた、新しい私とあなたの関係が生まれる可能性があるのだと私は信じたいのだろう。

この連載を始めて、たまに「あのエッセイ読みましたよ」と声をかけられるようになった。私の書くことに共感を示してくれるひともいれば、哲学に入門するよい機会になったと言ってくれるひともいれば、私が性的マイノリティについて書いている回を取り上げて敵意を向けてくるひともいた。私とこれを読むひととの関係は、著者と読者の関係ではあるけれど、きっとそれだけでない未確定の可能性に開かれていて、ときには仲間に、ときには哲学を学ぶ同志に、ときには敵になる。その可能性を開いたままにしておきたい、と思う。私といまこれを読むあなたとが出会ったとき、私たちがどんな関係になり、どんなふうに呼びかけ合い、語り合うかはわからない。けれど、わからないということに希望を感じるのだ。

おわりに

この本は、『群像』で連載していた「言葉の展望台」をまとめたものです。これまでに『言葉の展望台』、『言葉の風景、哲学のレンズ』とあり、これが第三弾に当たります。そして連載は本書収録の「呼びかける言葉」で無事に最終回を迎えましたので、この本がこのシリーズの最終巻ということになります。

「言葉の展望台」は三年強にわたって連載されていました。途中で数回お休みをいただいたときがあるので「三年強」と書いていますが、掲載回数としては三六回とぴったり三年分です。もともとはここまで長く連載する予定にはなっておらず、当初思い描いていたのとはずいぶんと違ったかたちになりました。

私にとっては何もかもが初めての経験でした。まず、これまで連載というものをしたことがありませんでした。論文はアイデアがまとまってから書き、そのタイミングで投稿できるところに投稿するという具合でやっていけるので、論文や本の執筆経験はありつつも、実はこれまで締め切りに追われるという状況に身を置くことがほとんどありませんでした。いざ自分がその立場になってみると、忙しさにもびっくりしましたし、その一方で締め切りに合わせて何か書くことを思いつかないとならないので、日常の出来事にかなり敏感になったように思います。「お、これ何かのネタになるかも！」とあちこちで思いながら暮らしていました。

また、エッセイというスタイルで書くのも経験のないことでした。この連載を始めて以降はそうした依頼もいただくようになったのですが、それ以前は論文、書評、学術書といったものばかりで、「○○は××である。しかし××であるとするならば、先述の△△に照らすと□□になる。したがって、……」みたいな文章ばかり書いていました。論文で自分のことを書くというのはほとんどしないのもあって、自分自身についてそんなにかちかちしていない文章で書くというのに、最初は勝手がわからず戸惑っていました。結果的に、第一回は「エッセイだから楽しくしないと！」とがんばってやけにテンションが高く、それ以降はだんだんと普段の私の雰囲気に近づいていったように思います。最初は親しげに近づいていくくせに、すぐにしゅんとしてしまうというのは、私の会話の仕方そのものでちょっと恥ずかしいです。

この連載を通じて、哲学者としての自分とのんびりとした日常生活を送っている自分、そして女性であり性的マイノリティであるがゆえにしばしば困難に直面するある種の社会的な存在としての自分というもののあいだのギャップを絶えず意識し、そのなかでどこに身を置いて何を書くか試行錯誤を続けていたように思います。研究だけをしている分には哲学者としての自分を前に出せば済んでいたのですが、エッセイを書こうとするとふだん楽しんでいることや辛かったことの話をせざるを得なくなって、それをいったいどう書けばいいのか、ああでもないこうでもないとやっていました。自分の文章のスタイルがあくまで哲学論文をベースにしていて、哲学を通さない書き方が身に付いていないというのも、この連載を続けながら感じたことです。そんなわけで、のんびり生きる私や社会的な困難を経験している私が生身で感じたことを、唯一の手札である哲学の語りを通して文章にするというやり方を続けてきたのですが、ただそのバランスも三年間でずいぶん変わってきたように思います。少しばかり、のびのびと書けるようになったかもしれません。

このシリーズは、幸いなことに私の想像を超えてたくさんのひとに読んでいただきました。講演に呼ばれた先で、「読みましたよ」と声をかけてくれるひともいました。私の書いたものがどのように読まれ、受け止められているか、私はそこまではっきりとはわからないのですが、読んだひとの心に何かを残していくことができたなら、幸せに思います。それがきらきらしたものであれば、よりいっそう。そしてもしそんなひとが今度は自分自身のことを語り始めてくれたなら、とも思います。私が呼びかけ、誰かがそれに応えて新しい言葉を紡ぎ、それがまた誰かへの呼びかけになる。そんな風景を思い浮かべます。

最後に、この本を読んでいるかもしれないクィアなひとたちへ。いまもこの世の中では、とてもとても辛いことがたくさん起きています。この本は、それを解決したりする力を持ってはいません。でも、この本を通じて、私はみなさんに「それでも私はここにこうして生き、こんなふうに自分の日常をつづっているよ」と語りかけているつもりです。つい最近まで、私はとても孤独でした。自分と似たひとが周囲にまるでいないと感じていたのです。ひょっとしたら、同じような気持ちをいままさに抱えているひとがいるかもしれません。そんなひとに知ってほしいと思っています。「こういう人間がちゃんとここにいるよ」と。

これまでの二作と同様に、最後に本書で取り上げた文献をリストにしたいと思います。エッセイの本としてはあまり見かけない形態かもしれませんが、せっかくなら興味のものがあれば手に取ってみてもらえたら嬉しいです。

Austin, John L. (1940) "The Meaning of a Word", in J. L. Austin (1961/1979) *Philosophical Papers*, Clarendon Press, Oxford: 55-75.（伊藤邦武訳「語の意味」、J・L・オース

テイン『オースティン哲学論文集』〔坂本百大監訳、勁草書房、一九九一年〕所収、六九—一〇三頁）

——（1962/1975）*How to Do Things with Words* [2nd Ed.], Harvard University Press, Cambridge.（飯野勝己訳『言語と行為　いかにして言葉でものごとを行うか』講談社学術文庫、二〇一九年）

Cavell, Stanley（1981）*Pursuits of Happiness: The Hollywood Comedy of Remarriage*, Harvard University Press.（石原陽一郎訳『幸福の追求　ハリウッドの再婚喜劇』法政大学出版局、二〇二二年）

——（1990）*Conditions Handsome and Unhandsome: The Constitution of Emersonian Perfectionism*, The University of Chicago Press, Chicago.（中川雄一訳『道徳的完成主義　エマソン・クリプキ・ロールズ』春秋社、二〇一九年）

Fricker, Miranda（2007）*Epistemic Injustice: Power and the Ethics of Knowing*, Oxford University Press.（佐藤邦政監訳、飯塚理恵訳『認識的不正義　権力は知ることの倫理にどのようにかかわるのか』勁草書房、二〇二三年）

Gilbert, Margaret（2013）*Joint Commitment: How We Make the Social World*, Oxford University Press, Oxford.

Grice, Paul (1958) "Postwar Oxford Philosophy" in Paul Grice (1989) *Studies in the Way of Words*, Harvard University Press, Cambridge: 171-180.

—— (1975) "Logic and Conversation", in Peter Cole & Jerry L. Morgan (eds.) *Syntax and Semantics 3: Speech Acts*, Academic Press, New York: 41-58. Reprinted in Paul Grice (1989) *Studies in the Way of Words*, Harvard University Press, Cambridge.（清塚邦彦訳「論理と会話」、ポール・グライス『論理と会話』〔清塚邦彦訳、勁草書房、一九九八年〕所収、三一―五九頁）

Jenkins, Katharine (2016) "Amelioration and Inclusion: Gender Identity and the Concept of Woman", *Ethics* 126(2): 394-421.（渡辺一暁訳「改良して包摂する　ジェンダー・アイデンティティと女性という概念」、木下頌子・渡辺一暁・飯塚理恵・小草泰編訳『分析フェミニズム基本論文集』〔慶応義塾大学出版会、二〇二二年〕所収）

Kaplan, David (1989) "Demonstratives: An Essay on the Semantics, Logic, Metaphysics, and Epistemology of Demonstratives and Other Indexicals", in Joseph Almog, John Perry & Howard Wettstein (eds.) *Themes from Kaplan*, Oxford University Press, New York: 481-563.

Kripke, Saul A. (1982) *Wittgenstein on Rules and Private Language*:An Elementary

Exposition, Basil Blackwell, Oxford.（黒崎宏訳『ウィトゲンシュタインのパラドックス　規則・私的言語・他人の心』ちくま学芸文庫、二〇二二年）

Wittgenstein, Ludwig (1953/2009) *Philosophical Investigations* [4th Ed.] (translated by G. E. M. Anscombe, P. M. S. Hacker & J. Schulte), Wiley-Blackwell, Oxford.（鬼界彰夫訳『哲学探究』講談社、二〇二〇年）

カント、イマヌエル（一九六四）『判断力批判』（篠田英雄訳）岩波文庫

朱喜哲（二〇二三）『〈公正《フェアネス》〉を乗りこなす　正義の反対は別の正義か』太郎次郎社エディタス

フレーゲ、ゴットロープ（一九九九）「意義と意味について」（土屋俊訳）、『フレーゲ著作集4　哲学論集』（勁草書房）所収、七一―一〇二頁

三木那由他（二〇一九）『話し手の意味の心理性と公共性　コミュニケーションの哲学へ』勁草書房

二〇二四年七月

三木那由他

初出
『群像』連載「言葉の展望台」二〇二三年七月号〜二〇二四年八月号
書籍化にあたり、改題しました。

三木那由他（みき・なゆた）

一九八五年、神奈川県生まれ。二〇一三年、京都大学大学院文学研究科博士課程指導認定退学。二〇一五年、博士（文学）。現在、大阪大学大学院人文学研究科講師。著書に『話し手の意味の心理性と公共性』（勁草書房、二〇一九年）、『グライス　理性の哲学――コミュニケーションから形而上学まで』（勁草書房、二〇二二年）、『言葉の展望台』（講談社、二〇二二年）、『言葉の風景、哲学のレンズ』（講談社、二〇二三年）、『会話を哲学する』（光文社新書、二〇二二年）、共著書に『シリーズ 新・心の哲学Ⅰ　認知篇』（勁草書房、二〇一四年）、共訳書にロバート・ブランダム『プラグマティズムはどこから来て、どこへ行くのか』（上下巻、勁草書房、二〇二〇年）がある。

装幀　川名　潤

装画・扉イラスト　タケウマ

言葉《ことば》の道具箱《どうぐばこ》

二〇二四年一〇月八日　第一刷発行

著者　三木那由他《みきなゆた》

発行者　篠木和久

発行所　株式会社講談社

〒一一二-八〇〇一　東京都文京区音羽二-一二-二一

電話　出版　〇三-五三九五-三五〇四

販売　〇三-五三九五-五八一七

業務　〇三-五三九五-三六一五

印刷所　TOPPAN株式会社

製本所　株式会社国宝社

KODANSHA

ISBN978-4-06-537247-0

三木那由他の本

言葉の展望台

難しくて切実で面白い「言葉とコミュニケーション」を、
「哲学」と「私」のあいだのリアルな言葉で綴るエッセイ。
紀伊國屋じんぶん大賞2023第2位！